DE LA
OPERACIÓN CATALUÑA
AL
155

FRANCISCO MARCO

DE LA OPERACIÓN CATALUÑA AL

155

LA HISTORIA COMPLETA DE CÓMO SE LLEGÓ A LA INTERVENCIÓN DEL GOBIERNO DE CATALUÑA

indicios

Argentina – Chile – Colombia – España
Estados Unidos – México – Perú – Uruguay – Venezuela

1.ª edición Noviembre 2017

Copyright © 2017 *by* Ediciones Urano, S.A.U.
    Plaza de los Reyes Magos 8, piso 1.º C y D – 28007 Madrid
    www.indicioseditores.com

ISBN: 978-84-15732-31-0
E-ISBN: 978-84-17180-60-7
Depósito legal: B-27.504-2017

Fotocomposición: Ediciones Urano, S.A.U.

Impreso por: Romanyà Valls, S.A – Verdaguer, 1 – 08786 Capellades (Barcelona)

Impreso en España – *Printed in Spain*

Índice

Nota del autor

Este breve texto es una secuela del libro *Operación Cataluña*, y por lo tanto es un libro sobre la corrupción política que ha asolado Cataluña, sobre cómo algunos políticos catalanes se han llenado los bolsillos y, también, sobre cómo, desde Madrid, se ha luchado contra esta situación. Es, por tanto, un libro sobre corrupción y métodos de investigación. Por eso, el mismo día que se presentaba la primera edición al público de ese libro, yo comparecía en una comisión parlamentaria para declarar como testigo sobre lo que conocía de la denominada Operación Cataluña. En mi intervención inicial les manifesté a los parlamentarios: «Yo, como todos ustedes saben, ni creo ni promulgo con las ideas secesionistas de muchos de sus grupos parlamentarios. Más bien al contrario, porque creo en la unidad de España y en una Cataluña integrada en el territorio español. Sin embargo, sé y pruebo, en el libro *Operación Cataluña*, que un grupo de policías liderados por Eugenio Pino se han dedicado a investigarles a ustedes de manera prospectiva para luchar, desde las cloacas, contra los que piensan diferente a ellos. Sé que a los que aparecen en el libro y a quienes les mandaban no les gustará leer lo que han hecho, porque querían que fuese secreto. Pero, también, confío que si se da publicidad a lo que desde un Gobierno se ha llegado a hacer con fondos públicos: confidentes pagados por mentir, contratación de espías de Gobiernos extranjeros o, incluso, manteniendo en prisión a confidentes para ablandarlos, prometiendo impunidad en procesos judiciales y parando investigaciones policiales en marcha para provocar denuncias, ustedes se darán cuenta que el mandato de Fernández Díaz ha sido más propio del más puro macartismo americano que de una democracia occidental. Y espero que algún día los ciudadanos catalanes podamos pensar libremente sin temor a ser detenidos, como han hecho conmigo en dos ocasiones en estos cinco años y no en una como se cree».

Fue un discurso meditado donde defendí las investigaciones con control judicial para evitar la vulneración de derechos fundamentales. Aquel día, además, señalé que desde la llegada al Ministerio del Interior del magistrado Zoido y, al Partido Popular de Catalunya de Xavier García Albiol, las «cloacas del estado» habían desaparecido para dejar a un lado las investigaciones prospectivas de corte inquisitorial sobre las personas y dar paso a las instrucciones judiciales bajo la más estricta garantía del Estado de derecho. Y cómo a partir de esos momentos el Estado ganó una partida que perdía en las sombras. Y eso es lo que pruebo y narro en este nuevo libro porque es lo que ha ocurrido durante el año 2017, periodo en el que las fuerzas y cuerpos de seguridad, como policía judicial, han promovido una investigación global de la actividad del Gobierno de la Generalitat para romper con el resto de España, mediante la creación de estructuras ocultas para llevar a cabo un referéndum claramente ilegal. Y por eso era necesario que en este libro se contase lo que ha ocurrido en Madrid y en Barcelona, para que al Estado no le quedase más remedio que aplicar el artículo 155 de la Constitución Española y destituir al Gobierno de la Generalitat de Catalunya.

Hasta ese momento, la sociedad catalana, lejos de estar fragmentada, había permitido la convivencia de todo tipo de ideologías y siempre ha rechazado la violencia, tanto civil como institucional. Por eso desde el pensamiento unionista asociábamos al nacionalismo catalán con la modernidad y el progreso, sin saber que, también, algunos nos estaban robando. Ellos, por su parte, soportaban nuestros ideales —de izquierda o de derecha— sustentados en la querencia de la unidad de España. Sin embargo, tras la deriva secesionista de un pequeño espectro del nacionalismo moderado y el afloramiento del independentismo más excluyente, el expresident de la Generalitat Carles Puigdemont, necesitado de enemigos, señalaba a España como un elefante hambriento que nos llevaba a una situación de tensión donde todos nos debíamos posicionar políticamente. Es obvio que las imágenes de mujeres sangrando el 1 de octubre nadie las quiso y que en ese momento Mariano Rajoy se jugó perder a una sociedad que entendía la necesidad de devolver a la normalidad democrática a un Parlament que estaba llevando a cabo una actividad contraria a la legalidad constitucional.

Tampoco se puede olvidar que desde el Gobierno central se prometió que el día 1 de octubre no se iba a celebrar un referéndum. ¿Y qué pasó? Que hubo urnas, que hubo papeletas y los secesionistas se creyeron que podían vencer al Estado y crear la república de Cataluña. Pero, si se comprueba de forma global y cronológica lo que ha ocurrido durante este último año, solo se puede concluir que en el camino hacia la independencia, Puigdemont, Junqueras y su entorno se han comportado de forma reaccionaria y antiliberal. Si en la nota a la primera edición de *Operación Cataluña* indicaba que no creo en los movimientos secesionistas y que quería seguir siendo español en Cataluña, en este libro debo señalar que desde que el 6 de septiembre el Gobierno catalán rasgó la convivencia parlamentaria y se posicionó al otro lado de la ley demostrando un discurso supremacista y una concepción de la democracia secesionista y poco pluralista, el Gobierno central creyó que era necesaria la aplicación del 155 y la vuelta a la normalidad de las instituciones.

Creo, sinceramente, que tampoco era necesario usar el derecho penal y la medida de privación de libertad para castigar una actividad ilegal, más cuando su encaje en el derecho de rebelión es de difícil sustento intelectual. Por eso creo que es un error el encarcelamiento del Govern pero, ni mucho menos, una decisión política ya que la Audiencia Nacional ha demostrado en sobradas ocasiones que no existen presos políticos en nuestro país.

Ahora lo único importante es que todo el mundo practique una cierta contención, incluida la verbal, y que nadie quiera someter a los vencidos para que, de una vez por todas, se practiquen políticas de diálogo y convivencia que nos permitan volver a pensar como queramos sin necesidad de vocear nuestra ideología. Y, por eso, mediante la mera descripción de hechos, una equidistancia necesaria e información desconocida hasta hoy, el lector podrá llegar a sus propias conclusiones y valorar si la aplicación del artículo 155 era o no necesaria.

Operación Diálogo

10 de enero de 2017
Departament d' Economia de la Generalitat

Aquella mañana, Soraya Sáenz de Santamaría llegó, de negro impoluto, al Departament d'Economia de la Generalitat para entrevistarse con el vicepresidente de la Generalitat Oriol Junqueras. El Gobierno central afrontaba la nueva legislatura en minoría con disposición al diálogo. En el caso de Cataluña, con un límite: «no hay nada que hablar respecto a la exigencia de celebrar un referéndum de autodeterminación». Sobre las 46 demandas presentadas por Carles Puigdemont a Mariano Rajoy, un año antes, el Ejecutivo estaba abierto a la negociación de todas ellas, incluidas las referidas a la financiación de Cataluña. Incluso, indicaba a su círculo más cercano, estaba dispuesto a decir sí al paquete completo con una salvedad: nada se puede dialogar en relación con la aspiración de independencia.

Rajoy tenía claro que no quería intervenir la autonomía con el uso del artículo 155 de la Constitución[1] y había designado a

---

1. «Si una Comunidad Autónoma no cumpliere las obligaciones que la Constitución u otras leyes le impongan, o actuare de forma que atente gravemente al interés general de España, el Gobierno, previo requerimiento al Presidente de la Comunidad Autónoma y, en el caso de no ser atendido, con la aprobación por mayoría absoluta del Senado, podrá adoptar las medidas necesarias para obligar a aquélla al cumplimiento forzoso de dichas obligaciones o para la protección del mencionado interés general.»

la vicepresidenta con el encargo de establecer una «línea caliente» con las autoridades y la sociedad civil de Cataluña.

Sáenz de Santamaría, instalada en un despacho en la Delegación del Gobierno en Barcelona, había nombrado delegado del Gobierno a un hombre de su confianza, Enric Millo. Creyeron que con un plan de inversiones, talante, buenas palabras y la mano tendida de forma permanente, el desafío independentista al Estado no llegaría a mayores.

Pero se equivocaron. Y esa mañana se darían cuenta.

La vicepresidenta ascendió los escalones del viejo edificio del Gobierno catalán con ganas de arreglar el problema secesionista. Un funcionario la acompañó al despacho de Oriol Junqueras que le esperaba en el interior. El optimismo también corría en las filas nacionalistas. Puigdemont y Junqueras creían firmemente que podrían llevar a cabo el referéndum. En el Ejecutivo catalán se hablaba de un «cambio de discurso de Madrid» que podría permitir el entendimiento. Incluso veían con buenos ojos a Xavier García Albiol, sustituto de Alicia Sánchez Camacho al frente del PP catalán, siempre contundente contra el proyecto independentista. pero que aseguraba en privado que la suspensión de la autonomía no era la solución.

Minutos después, sentados en sendos sillones negros, el vicepresidente catalán no tardó en poner sobre la mesa el referéndum y otros temas como la crisis de la deuda española y el agotamiento de la hucha de las pensiones.

«El Gobierno está dispuesto a negociar los 46 puntos que se nos hicieron llegar, salvo el referido a la independencia, o a la realización de un referéndum», expuso la vicepresidenta.

Al parecer, o eso dijo Junqueras a su equipo, él se cerró en banda y le manifestó:

«Prometimos a nuestros votantes que en dieciocho meses declararíamos la independencia. Podemos no conseguirlo, pero la necesidad de que el pueblo catalán vote su futuro en un referéndum es innegociable.»

Para gobernar habían pactado con la CUP la realización de un referéndum para independizar a Cataluña y, de manera simultánea o inmediatamente después, aprobar las leyes de transición; a continuación se celebrarían las elecciones constituyentes y, finalmente, el referéndum de ratificación de la Constitución de la republica catalana. Es decir, Junts pel Sí (JxSí) tiene en mente aprobar una «Declaración de Independencia de carácter unilateral» (DUI) en un año y medio como máximo.

«Pero estamos dispuestos a hablar y a mediar con vosotros todo lo que sea necesario», añadió Junqueras.

Sin embargo, no le dijo que aquella reunión no era más que un ardid. La estrategia para llegar a un Estado propio se había diseñado en septiembre de 2015 y la bautizaron con el nombre de #EnfoCATs. Requería como señuelo una oferta de mediación y diálogo. Entre las vías para conseguirlo, habían planeado la exhibición de «determinación política (....) generando como último recurso un conflicto democrático de amplio apoyo ciudadano, «orientado a generar inestabilidad política y económica, que fuerce al Estado a aceptar la negociación de la separación o un referéndum forzado». «Si no se pudiese convocar el referéndum, se procedería a una DUI obligando al Estado a aceptar la declaración».

El plan era comenzar de una manera conservadora, incrementando paulatinamente el nivel de conflictividad según la respuesta del Estado, bajo el liderazgo y con coordinación de todos los actores implicados y sin ningún género de duda de acciones y calendario».

Los secesionistas vaticinaban que la declaración unilateral de independencia (DUI) «generará un conflicto que bien gestionado puede llevar a un Estado propio porque el Estado español no reconocerá el derecho a hacer un referéndum pero, si lo ve todo perdido, lo hará hacer para que lo perdamos».

Tras dos horas de reunión la vicepresidenta salía del edificio con una gran sonrisa en los labios y, rodeada de micrófonos, señalaba:

«No podemos negociar aquello de lo que no podemos disponer. Es una cuestión que decide el conjunto del pueblo español. No tenemos capacidad de decisión.»

A solas debió llamar a los miembros de su gabinete porque desde ese día se preparó un estudio sobre cómo responder si Junqueras seguía adelante con la idea de realizar un referéndum, evitar el victimismo nacionalista, fomentar las contradicciones internas en el bloque separatista y conceder a la Fiscalía vía libre para actuar.

27 de enero de 2017
Ministerio del Interior

Cuando el magistrado Juan Ignacio Zoido llegó al Ministerio del Interior, ignoraba lo que ocurría realmente entre sus paredes.

Todo cuanto sabía era que tenía una lacra y había que erradicarla. A bordo de su coche oficial esa mañana fría de enero se dirigía a Alicante para visitar a la familia del policía nacional herido el pasado fin de semana en una persecución a un coche robado desde Alicante hasta Crevillent. Acababa de promocionar su primer refuerzo de policías nacionales que habían ascendido por concurso general de méritos y decidió que Cataluña iba a recibir la mayoría de los efectivos para que se desplegasen por el territorio. Intuía que aquel año iba a ser muy caliente en ese territorio.

Pero de vuelta hacia Madrid, esa tarde, lo que más le preocupaba era la remodelación que tenía que hacer en todo el ministerio, aunque «aún ni siquiera se imaginaba cómo había podido llegar a ser ministro del Interior». En el coche debió recordar sus primeros años como juez de Utrera porque lo cierto es que conocía bien el trabajo policial que, además, reconocía. A lo largo de su trayectoria política —había sido delegado del Gobierno en Andalucía y en Castilla-La Mancha, además de alcalde de Sevilla—, había estado en permanente contacto con las fuerzas de seguridad, lo que permitía a los policías pensar que, al fin, tenían un ministro que sabe lo que hacen y que reconoce sus méritos.

Por eso Zoido dijo basta a las investigaciones sin amparo judicial y a las cloacas policiales. Dijo basta a la guerra de comisarios. Y dijo basta a la Operación Cataluña. El ministro tenía decidido apartar de la cúpula del Cuerpo a todos los comisarios y mandos intermedios que formaron parte del «equipo en la sombra» de Eugenio Pino. Había encargado el estudio de cómo reestructurar el ministerio. Lo primero que pensaba hacer era apartar de su puesto en la Comisaría General de Información a García Castaño y clausurar la Brigada de Análisis y Revisión de Casos, que entre otros investigaba el 11-M, el «caso Faisán» y la desaparición de Marta del Castillo. ¿Recuerdan quiénes eran? Esos policías que junto a Villarejo o Martin Blas habían estado investigando en Cataluña para luchar contra el soberanismo desde las sombras.

Pues bien, Zoido estaba harto de la camarilla policial y la pensaba erradicar. Sus más cercanos señalan que con su retranca andaluza minimiza muchas situaciones conflictivas pero que, principalmente, es un hombre aferrado a que «el Estado de derecho se imponga» y las cloacas del Estado «pasen a la historia». Además, pretendía una reforma completa de la estructura organizativa de la policía que se enmarcaría en el plan de Política de Seguridad Nacional para el siglo XXI que había anunciado en su comparecencia en el Congreso de los Diputados del pasado diciembre. El titular de Interior consideraba necesario acometer esta reforma al constatarse que los nuevos retos en materia de seguridad exigían nuevas respuestas.

Sin embargo, no se sabe que la primera orden que dio a los mandos policiales fue que «se habían acabado las investigaciones sobre las personas».

A partir de este momento, advirtió, se realizarán investigaciones sobre los delitos que se comentan y no se buscarán mediante investigaciones prospectivas. En cuanto el chófer paró frente al Ministerio, Zoido no imaginaba que esa misma mañana otro exmagistrado, el senador de ERC Santiago Vidal, iba a dar el pistoletazo de salida a la investigación judicial de los movimientos independentistas catalanes.

Juzgado de Guardia de Barcelona

«La Generalitat tiene todos vuestros datos fiscales. Esto es ilegal porque está protegido por la Ley de bases de datos. Son unos datos reservados, en teoría los que llevamos este proceso no deberíamos tener acceso a ellos, pero a veces suceden cosas, no os diremos cómo, porque no es exactamente legal», había dicho en una serie de conferencias Santiago Vidal (asesor del consejero de Justicia de la Generalitat) que esa mañana había desvelado el diario *El País*.

Vidal también había reiterado en sus intervenciones que el Gobierno catalán había reservado 400 millones de euros, en los presupuestos de la Generalitat de 2017, para organizar el referéndum y construir las estructuras de Estado. «No os diré en qué epígrafes de los presupuestos están incluidos, porque están debidamente camuflados, porque si no nos los impugnarían inmediatamente».

Por eso, el abogado Miguel Durán (¿Recuerdan quién es? La persona que había dicho que le habían ofrecido el *pendrive* del *hackeo* a los ordenadores de Jordi Pujol Ferrusola) acababa de presentar en el juzgado de guardia de Barcelona una denuncia contra el dirigente republicano por los supuestos delitos de revelación de secretos, infidelidad en la custodia de documentos, prevaricación, rebelión y sedición. La denuncia pretendía conocer quién tenía acceso a los datos fiscales y quiénes habían sido los autores de los presuntos delitos.

Pocos días después el juzgado de instrucción número 13 de Barcelona admitió a trámite la denuncia y acordó abrir las diligencias previas 118/2017 por un presunto delito de revelación de secretos y acordó el secreto de sumario. Era el inicio de la Operación Anubis con la que se asestaría un golpe, casi mortal, a la organización del referéndum de independencia del 1 de octubre.

Las palabras del senador de ERC también provocaron la ruptura de la Operación Diálogo.

1 de febrero
Congreso de los Diputados

Con el pelo blanco alborotado, el diputado republicano Joan Tardà se levantó en el hemiciclo:

«Si ustedes se empeñan en negar las urnas, sepan que de igual manera vamos a convocar el referéndum y vamos a ejercer el derecho a decidir, razón por la que sería bueno que corrigieran y se sentarán en la mesa de negociación —dijo Tardà, para añadir—: Esperaremos al Ejecutivo del PP hasta el último momento».

El republicano, malencarado, mostraba en el movimiento de sus manos su preocupación. Días antes Santiago Vidal había renunciado al escaño y, tras el Comité de Dirección del PP, Pablo Casado había acusado a la Generalitat de estar atentando contra los derechos individuales de los catalanes y sugirió que sus prácticas eran «totalitarias» y «xenófobas».

Tras una pausa, dirigió su mirada a la vicepresidenta del Gobierno y añadió:

«Finalmente, por favor, desautorice al señor Casado que se ha negado a sí mismo y al PP afirmando que el Gobierno democrático de Catalunya era un Gobierno xenófobo. Por favor, ¡levántese y desautorícelo!»

Soraya Sáenz de Santamaría se levantó y sin mediar respiro dijo:

«Sobre la última cuestión, señor Tardà, tiene usted más fina la piel que la boca —le espetó, y recordó las salidas de tono de Gabriel Rufián, también de ERC. A partir de ahí, reiteró que el Gobierno hará cumplir la ley —aunque sin especificar cómo— y sacó a colación las revelaciones del exsenador Santiago Vidal—: Se jactan de que los ciudadanos son vigilados y los jueces calificados (…) Eso no es democracia» —denunció, e instó a la Generalidad a recuperar la "moderación" y no abrazar los postulados de las CUP.

El Partido Popular había decidido volver a mostrar su perfil más duro frente a los que apoyan el proceso de autodeterminación. La Operación Diálogo ya no existía y esa sesión de control mostró el cambio de tono en las relaciones entre Moncloa y el mundo independentista. A partir de entonces, el Gobierno empezó a deslizar en público y en privado que precintaría colegios electorales y aplicaría las medidas coercitivas necesarias para frenar el referéndum en cumplimiento de la legalidad vigente.

Tras el rifirrafe entre Santamaría y Tardà, Rajoy abandonó el Hemiciclo no sin antes dejar un par de advertencias a «algunas personas de algún partido político de Cataluña que quieren lisa y llanamente hacer cosas saltándose la ley». El presidente del Gobierno reiteró que el referéndum no se puede celebrar «porque es ilegal y algo que es ilegal no se puede hacer».

Barcelona
Pacto Nacional por el Referéndum

Al mismo tiempo, los independentistas continuaban con el punto del orden del día que recogía su hoja de ruta. Los miembros del Pacto Nacional por el Referéndum se reunían ese miércoles por segunda vez para aprobar el manifiesto donde indicaban que «somos una nación porque la mayoría de los catalanes así lo sienten». Su objetivo es buscar adhesiones al desafío independentista «en Cataluña, España y el mundo».

El documento reivindicaba la soberanía del Parlamento de Cataluña como «la institución democrática donde se manifiesta la voluntad popular del país» y garantiza el respaldo a «aquellas iniciativas y acuerdos que surjan para la articulación de este referéndum». A la reunión asistieron la alcaldesa de Barcelona, Ada Colau; el vicepresidente de la Generalitat, Oriol Junqueras; la portavoz del Ejecutivo regional, Neus Munté; el consejero de Asuntos Exteriores, Raül Romeva; la consejera de Gobernación, Meritxell Borràs y el consejero de Justicia, Carles Mundó.

El choque de trenes parecía inevitable, más porque días después Artur Mas declaraba como imputado en el Tribunal Superior de Justicia de Catalunya y sus más estrechos colaboradores veían cómo los detenían.

2 de febrero de 2017
Vivienda de Francesc Sánchez

El abogado de Convergència se levantó pronto aquella mañana para llevar a su hija al colegio. La despertó y entró en la cocina para preparar el desayuno. Hacía poco que vivía en aquella antigua casa pero había algo en ella, quizá su historia o su sencillez, que le gustaba. Sirvió la leche distraído y, de repente, escuchó un ruido en el exterior que le sobresaltó. Miró fuera y no vio nada. Se reprochó estar tan tenso. Pero es que días atrás unos policías le habían visitado y le habían advertido que o colaboraba con ellos o acabaría siendo detenido. Intuía que aquello era improbable porque nunca había tenido funciones entre las que se encontrasen otorgar contratos y su labor había estado en la organización del partido y la defensa jurídica de sus miembros.

«Es la hora de ir al cole —le gritó a su hija que, al fin, aparecía con cara de dormida.

La besó, desayunaron juntos y cuando iba a salir por la puerta, vio el reflejo de una placa de policía frente a él.

«Francisco Sánchez, está usted detenido por orden de la Fiscalía Anticorrupción.»

«Déjenme que haga una llamada para que mi madre se ocupe de la niña.»

Luego la Guardia Civil, con trato muy educado, registró su vivienda.

3 de febrero de 2017
Plató 8 al dia

«Señor Sánchez, buenas noches —dijo Cuní—. ¿Todo bien?»

«Todo bien, entero, aunque aún no sé por qué me han detenido por orden de la Fiscalía Anticorrupción y no del juez. Estuve en todo momento muy tranquilo porque sabía cómo funcionan estas cosas. En Convergència siempre pasa lo mismo cuando hay una situación política relevante.»

Sánchez había sido puesto en libertad ese viernes al mediodía. A su salida del cuartel de la Guardia Civil poco antes de las 14.00 horas, afirmó a los periodistas que estaba «muy tranquilo» y que se había acogido a su derecho a no declarar ante los agentes del instituto armado porque el juez que investiga el caso lo mantiene bajo el secreto del sumario.

Preguntado por si la operación de ayer podría tener alguna vinculación intencionada con el inminente juicio por la consulta del 9-N al expresidente catalán Artur Mas y las exconsejeras Joana Ortega e Irene Rigau, que arrancaba el próximo lunes, Sánchez afirmó que «ya sabemos qué pasa siempre, pero no quiero decir nada más de lo que ya todos sabemos».

6 de febrero
Tribunal Superior de Justicia de Catalunya

Desafiando el frío y arropado por centenares de personas Artur Mas llegó al Palacio de Justicia con esteladas como muestras de apoyo y al grito de «independencia».

Esa mañana, el Tribunal Superior de Justicia de Cataluña (TSJC) iniciaba el juicio al expresidente de la Generalitat Artur Mas y las exconsejeras Joana Ortega e Irene Rigau. La Fiscalía pedía diez años de inhabilitación para Mas y nueve para Ortega y Rigau, por los delitos de desobediencia grave y prevaricación, acusados de mantener la votación del 9-N pese a que el Tribunal Constitucional la suspendió cinco días antes. Según el ministerio público, los encausados articularon «una estrategia de desafío completo y efectivo» a la suspensión de la consulta del 9 de noviembre de 2014 acordada por el TC, siendo «plenamente conscientes de que con ello quebrantaban el obligado acatamiento» de las órdenes del Constitucional.

Junto a la multitud esperaba el Gobierno catalán en pleno, encabezado por el presidente Carles Puigdemont y Jordi Sánchez, el presidente de la ANC, en un acto de apoyo en el que les acompañaron a pie hasta el Palacio de Justicia, donde el juicio arrancó a las 9 de la mañana.

Aquel día Mas declaró, a preguntas de su abogado Javier Melero, que «la iniciativa política fue mía y de mi Gobierno. Las directrices venían de mí. Joana Ortega, Irene Rigau y Francesc Homs cumplieron con ellas (...) El proceso participativo del 9-N no fue un capricho personal, no fue una ocurrencia ni una salida de tono, fue la consecuencia de amplios acuerdos parlamentarios, mandatos explícitos del Parlament reiterados y todo ello después de unas elecciones democráticas que nadie cuestionó y nadie impugnó».

El tribunal ofreció la palabra a los tres altos cargos de la Generalitat juzgados para que dijesen la suya. Y Mas señaló: «Estamos aquí no por haber desobedecido al TC, sino por el éxito del 9-N. Este éxito no agradó a determinadas instancias del Estado y del Gobierno español. Y como no agradó, lo consideraron un desafío y que ahora lo paguemos algunos.»

Mientras tanto, en Madrid, en el Ministerio de Interior se empezaba a diseñar un enorme dispositivo para hacer frente al desafío independentista e impedir que grupos radicales o antisistema pudiesen atacar puntos neurálgicos de Cataluña y generar un estado de caos. El 8 de marzo, la Guardia Civil convocó dos comisiones de servicio para unidades de policía judicial y del Servicio de Información. Se llamaba a tenientes, alféreces, brigadas, sargentos, cabos y guardias y se adecuaba el cuartel de Sant Andreu de la Barca (Barcelona), para recibir a miembros del instituto armado si fuese necesario en los próximos meses.

Tenían todo preparado por si el Govern se atrevía a llevarnos a un callejón sin salida. Ya no se atacaba a las personas, sino que se actuaba como un Estado. Es más, la sociedad civil catalana contraria a la independencia, que ya contaba con el apoyo del Gobierno tras haberse reunido con la vicepresidenta del Gobierno, se movilizaba en contra de lo que se veía venir. A diferencia de lo que había ocurrido hasta 2017 el número de gente que clamaba por la independencia descendía y las entidades civiles españolistas como España i Catalans, o Empresaris de Catalunya, o Sociedad Civil Catalana (SCC) aumentaban. La actitud de los partidos independentistas parecía una máquina de crear españolistas.

Sin embargo, parecía que el independentismo ganaba en la sociedad: la Asamblea Nacional Catalana (ANC) y Òmnium Cultural sacaban mucha gente a la calle con un discurso al que nadie se ocupaba de oponerse. Lo cierto es que las encuestas mostraban que en 2014 los secesionistas eran el 56% de la población, aunque en 2017 ya solo el 42% apoyaba la secesión. Por eso era necesario que los constitucionalistas ganasen, también, en la calle. Coordinados con el Gobierno, esas entidades preparaban un informe de 200 páginas con los déficits democráticos de Cataluña. Por ejemplo, el «adoctrinamiento nacionalista en los libros de texto», casos individuales de «acoso al disidente en la escuela», presiones a familias, la vulneración de la ley de banderas colgando la estelada en las fachadas de consistorios o el veto a un libro del socialista Josep Borrell que negaba las consignas independentistas con datos.

Y en esas estaban cuando la Fiscalía presentó una querella contra la presidenta del Parlament y el secesionismo empezaba a dar forma a su guión hacia la independencia. Pero en Madrid querían alejarse de actitudes oscurantistas y, por eso, la criba de la antigua cúpula de interior empezaba a tomar forma.

La purga de Interior

16 de febrero de 2017
Declaración de Pino

Aquella mañana Eugenio Pino llegó a la Audiencia Nacional nervioso. Hacía pocas semanas que se había jubilado y, días antes, Esteban Urreiztieta desde las páginas de *El Mundo* le había entrevistado. Sus declaraciones habían incendiado a la ciudadanía y no quería que su testimonio en la Audiencia Nacional motivase nuevas parodias sobre él: «Yo he pedido varias veces que se le detuviera [Jordi Pujol]. Pero los jueces son muy garantistas». Además, añadía: «Villarejo solo tiene una participación en el caso de (Javier) De la Rosa con una relación que desconozco. Nada más. (Cabe recordar que el exfinanciero declaró ante la Udef que la familia Pujol tenía cuentas en Suiza y su testimonio dio origen al caso). Marcelino Martín Blas (estaba al frente del Departamento de Asuntos Internos), cuando había algún policía implicado, intervino. Ni Marcelino ni Villarejo han tenido parte determinante, sino tangencial. Ha sido siempre la Udef, la Udef y la Udef».

Cruzó el arco de seguridad y mientras ascendía a la sala de vistas del juez de la Mata repasaba mentalmente lo que había manifestado sobre el *pendrive*, públicamente: «El señor Martín Blas aparece con ese *pendrive* que, al parecer, según me cuentan, se lo han dado unas personas próximas a la agencia Método 3. Ese es el origen. A lo mejor lo que ha faltado ha sido un acta de entrega».

«Atribuí a Método 3 ese *pendrive* debido a mi imaginación poderosa como policía. Di por sentadas las cosas por mi añoranza como jubilado.»

Durante dos horas el Juez de la Mata le interrogó y provocó que Pino desmintiese su propio escrito en el que sostenía que habían sido Tamarit y Peribáñez quienes le habían dado ese *pendrive* a Marcelino Martín Blas.

«Lo adorné —dijo el antiguo DAO frente a un juez cada vez más incómodo por lo que estaba escuchando y una fiscalía enervada—. He dado por sentado siempre que fueron los detectives, pero no necesariamente fueron los detectives. Quizá fueron otros empleados de Método 3. Siempre tengo ese defecto en ese sentido...»

«Está usted obligado a contar la verdad desde que se sentó en esa silla», le recordó De la Mata.

«No lo puedo decir al cien por cien, [Marcelino Martín Blas] solo me da un *pendrive*. Entiendo, por mi imaginación poderosa como policía, que es Método 3. Ahora, si me pregunta si lo juro ante la Biblia, le diré que no lo sé.»

Pronto el juez de la Mata acusaría a Pino de ordenar a la UDEF, a través de Bonifacio Díez Sevillano, la utilización de documentos cuestionados para la investigación del caso Pujol «con pleno conocimiento de su incorrección» y a sabiendas de que los datos puestos en cuarentena no provenían de procesos judiciales. Pino «dio instrucciones incorrectas a las unidades operativas para que utilizaran e incluyeran en un procedimiento penal determinados documentos no solo ocultando su origen sino facilitando una explicación no ajustada a la realidad sobre [...] el modo de obtención de los documentos», señala el magistrado.

«Esta irregular búsqueda de atajos por parte de la autoridad policial superior, constitucional y éticamente inadmisibles, convirtió estos documentos y el informe policial que los analizaba en elementos de prueba ilícitos con potencial contaminante» para el resto de la causa, afirmaría el juez De la Mata. Según el magistrado, no se trata de «sobreproteger al presunto delincuente con un arsenal desmedido de garantías» sino de «dejar claro, singularmente a los poderes públicos y a los agentes de la autoridad que está prohibido hacer trampas».

17 de febrero de 2017
Audiencia Nacional

Protegido por policías y con un aspecto de dandi, Martín Blas llegó hablando por teléfono a la Audiencia Nacional. Estaba tranquilo. Sabía que, aunque sus antiguos compañeros le hubiesen intentado implicar con el *pendrive*, no había ninguna prueba que le vinculase al mismo. Por eso, con rapidez, se sentó frente al juez de la Mata y relató lo que sabía:

«Ellos [Tamarit y Peribáñez], vinieron a mí. Yo no los capté. Luego volvimos a hablar al menos en dos ocasiones en torno a los meses después del verano del 2013, podríamos estar hablando de octubre y de noviembre.»

Pero el juez de la Mata quería saber si aquellos dos detectives eran quienes habían dado el *pendrive* de los Pujol a la policía. Martin Blas le contestó:

«Ellos nos dieron un montón de información. De irregularidades de la agencia de detectives y de policías que trabajaban con ellos. En principio nos cuestionamos la información. Lo que ocurre es que con el tiempo yo ordené esa información que nos estaban dando y comprobé si tenía algunos visos de realidad. Nunca nos dieron un USB.»

Finalmente, relató que «Asuntos Internos se había ocupado de aquella investigación porque en la entrada y registro habían encontrado un informe sobre la causa Gürtel sin sello de salida del juzgado. Un informe que solo me podían haber filtrado desde la UDEF.»

Días más tarde sabría que eso era falso y que jamás habían localizado dicho informe, sino que un periódico se lo había hecho llegar. ¿Recuerdan que Javier Iglesias, el abogado amigo de Villarejo, había solicitado la nulidad de la causa al haber encontrado ese documento en mi agencia? Pues aquí está la respuesta. Nunca lo habían encontrado. Pero volvamos a la declaración de Martín Blas:

«Creo recordar que en el primer encuentro yo les pagué unas coca colas y tabaco. En los dos encuentros siguientes ellos no tenían dinero. Vivían de familiares. Yo pedí permiso para pagarles el hotel y el billete del AVE. Después fuimos a Barcelona y tomamos declaración a los detectives. ¿Allí que salió? No solamente que podía haber habido una relación maliciosa entre la agencia Método 3 y policías de la UDEF sino que con lo que nos contó el contable había indicios de que podía haber blanqueo de capitales. Trabajamos un poco más. Y ya en mayo de 2014 elaboramos un informe amplísimo de 800 o 1000 páginas y lo remitimos a la Fiscalía Anticorrupción. Y ya no volvimos a hablar con los detectives.»

Respiró y luego añadió:

«Perdón. Hubo una ocasión más que se habló con los detectives porque tuvimos una información sobre un mercenario que podía haber tenido relación o con policías, o con mossos d'esquadra. Entonces da la casualidad que nosotros teníamos una posibilidad de llegar ahí y saber quién era ese mercenario.»

Ajenos a todo aquello, en Cataluña seguían con su camino hacia el abismo.

21 de febrero de 2017

Frente a una gran pantalla con el logotipo de la ANC y una gran bandera estelada, Artur Mas se sentaba en el Auditori de l'Espai Cultura de Sabadell junto a un periodista para analizar el referéndum:

«El Estado español tiene fuerza para dar miedo. Pero tenemos que perder el miedo a tener miedo. Tienen a la fiscalía, buena parte del aparato judicial, el control del grifo y a los medios de comunicación. ¿Y nosotros qué tenemos? Un proyecto claro, una voluntad decidida, nuestras instituciones y una capacidad de movilización que nunca se ha visto.»

Defendió, además, la movilización ciudadana «cada vez que sea necesario» como el arma más sólida para combatir la negativa estatal a la consulta independentista. Por ello también defendió «tener bien calculadas las acciones» y contar con «un esquema de movilización organizada», «para que el Estado tenga muy difícil impedir el referéndum o que el coste de hacerlo sea enorme», y ante la hipótesis de que el Gobierno ordenara precintar los colegios catalanes para evitar la celebración del referéndum, señaló que «la solución, en su opinión, sería «bastante fácil»: «Igual que se precintan se desprecintan»

23 de febrero de 2017

Carme Forcadell recibió el anuncio de una nueva querella contra ella con resignación. Todo se remontaba a julio del año anterior, cuando los grupos parlamentarios favorables a la independencia de Cataluña, haciendo caso omiso de la advertencia del Tribunal Constitucional, habían elevado al pleno del Parlament las conclusiones de la comisión de estudio del proceso constituyente catalán. Después de un bronco debate que había evidenciado la fractura de la Cámara, los independentistas hicieron valer su mayoría de 72 diputados para validar las conclusiones. Entre los puntos del texto aprobado destacan la posibilidad de activar un «mecanismo unilateral de ejercicio democrático» para convocar una «Asamblea Constituyente», así como continuar la tramitación de las tres leyes de desconexión para llevar a cabo el «proceso constituyente» de un Estado catalán independiente.

No se sabe que tan pronto supo que la Fiscalía había presentado una nueva querella contra ella por desobediencia, se reunió con diversos abogados que le explicaron que debían mantener la misma línea de defensa que con la anterior querella, ya que, seguramente, el Tribunal Superior de Justicia de Cataluña acumularía ambas causas. Luego acordaron mantener una nueva reunión antes de declarar en sede judicial, pero su línea de defensa iba a ser la misma: «¿Si en la calle se puede hablar de la independencia, por qué no en el Parlament?» Esta es la pregunta que se había realizado Carme Forcadell en su declaración como investigada ante el Tribunal Superior de Justicia de Catalunya (TSJC) y que servía para resumir su línea de defensa: que en todo momento actuó políticamente, sin desobedecer jurídicamente al Constitucional.

Esa sería la misma línea de defensa que seguirían muchos otros líderes del proceso y que les llevaría a la cárcel en el mes de noviembre. Pero no nos adelantemos porque al mes siguiente ya iban a saber que los Tribunales iban en serio en cuanto a parar la deriva nacionalista.

Pero en Madrid, la justicia no se detenía. El Gobierno quería demostrar a la sociedad que no solo se luchaba contra los independentistas y que la división de poderes funcionaba. Por eso, también, Ignacio González ingresaría en prisión.

10 de marzo de 2017
Comisión de Investigación
Asamblea de Madrid

El expresidente de la Comunidad de Madrid, Ignacio González, con cara de preocupación, algunos kilos de más y un traje gris, se presentó en la Comisión de Investigación para negar haber mandado realizar seguimientos a sus adversarios políticos y a Cristina Cifuentes. Visiblemente enfadado con el mundo y consigo mismo, se enzarzó reiteradamente con los portavoces de la oposición trabando su comparecencia. Tuvo un enfrentamiento especial con el portavoz de Podemos, Miguel Ongil, pero sobre todo con el de Ciudadanos, César Zafra.

«Es falso que ordenase espiar a Cobo, Cifuentes, Granados... Jamás he tenido responsabilidades en el ámbito de la Seguridad ni Interior. Jamás he ordenado nada a nadie», les espetó. La realidad, es que todas las personas que han comparecido dicen que no lo ha hecho.

Luego le preguntaron si yo le había acusado de intentar cobrar comisiones en la venta del Canal de Isabel II, algo que negó con vehemencia. También me acusó de haberle hecho un seguimiento a Colombia cuando se sabe qué relevante agencia de detectives lo había realizado con profesionalidad. Por último, intentó convencerles que no me había intentado contratar, a través de un empresario, para investigar a otros miembros del Partido Popular.

El tiempo me ha dado la razón e Ignacio González ingresó en la carcel de Soto del Real, de la que salió en libertad condicional, tras pagar una fianza de 400.000 euros, el día 8 de noviembre.

13 de marzo
Tribunal Superior de Justicia de Catalunya

A las 13 horas los abogados de Mas, Ortega y Rigau llegaron a la sala del Tribunal Superior de Justicia donde los magistrados leyeron la sentencia en la que impusieron a Mas la pena de dos años de inhabilitación para ejercer cargos públicos por organizar la consulta independentista del 9 de noviembre de 2014, pese a que había sido prohibida por el Tribunal Constitucional. Según el tribunal, el expresident «pervirtió los principios democráticos» junto a dos cargos de su Gobierno, también condenadas: la vicepresidenta Joana Ortega y la consejera de Enseñanza Irene Rigau. En cambio, los tres fueron absueltos del delito de prevaricación.

La sentencia condenaba a Mas a dos años de inhabilitación especial para ejercer cargos públicos de cualquier clase, «ya sean de ámbito local, autonómico o estatal». También le impide actuar, durante el mismo tiempo, en «funciones de Gobierno tanto en el ámbito autonómico como en el del Estado». Lo mismo concluye la resolución, aunque con menor tiempo de condena, en los casos de Ortega (un año y nueve meses) y Rigau (año y medio) como «cooperadoras necesarias» del delito de desobediencia.

A partir de entonces ya no había marcha atrás y pocos días después el Parlament aprobaba la Ley de Presupuestos de la Generalitat, que destinaba varias partidas presupuestarias para gastos de procesos electorales y consultas populares.

Lo que no se sabía es que aquellos presupuestos ocultaban la creación de partidas presupuestarias para financiar la construcción de una nueva Hacienda catalana y asegurarse la celebración de la consulta. Parte del dinero salió de los fondos que el Departamento de Trabajo, Asuntos Sociales y Familia de la Generalitat tendría que haber destinado a políticas activas de empleo, inclusión social, refugiados o inmigración, entre otros capítulos. Aún quedaban algunos meses para que se supiese con certeza.

5 de abril de 2017
Congreso de los Diputados
Comisión de Investigación

El exministro del Interior compareció en la comisión de investigación sobre la Operación Cataluña que meses atrás se había creado en el Parlamento Español. Visiblemente molesto contestó al diputado del PDeCat que le acusaba de haber dicho en la grabación que «la fiscalía te lo afina»:

«Yo no dije eso, y si usted quiere solicito un dictamen pericial acerca de ese fragmento.»

Según Fernández Díaz, lo que decía era «eso la Fiscalía a en fin...». El exministro se quejó de que dichas palabras se incluyeron para perjudicarle electoralmente después de ser *editadas* y *descontextualizadas*.

«¿Usted cree que está aquí hablando con un aprendiz de estas cosas? —le preguntó al diputado catalán de la antigua Convergencia que también le cuestionó sobre unas supuestas reuniones en las que se trató el tema de que por Cataluña desfilaran tanques o que se tomara la televisión autonómica pública TV3—: No participo en reuniones estúpidas», añadió.

Yo veía en mi casa aquella declaración en directo mientras el diputado catalán le repreguntaba:

«En otro momento de la grabación se escucha: «es que darle un coscorrón a Homs». ¿qué?»

Con cara circunspecta, el ministro contestó:

«¿Yo he dicho eso? ¿Está usted seguro? Yo no dije eso —contestó cada vez más enfadado al diputado catalán que le acababa de preguntar: ¿Qué dijo?—. Usted cree que yo voy a recordar el 2 de octubre del año 2014, sinceramente…»

«Se lo recuerdo yo. He escuchado yo la grabación antes de venir aquí.»

«Yo le digo una cosa apelando…, ya me cuesta después de haberle oído, a su rectitud de intención y buena fe si a usted una grabación privada se la graban y se la sacan descontextualizada por fragmentos le aseguro que usted estaría conspirando para robar Fort Knox… que no se vea usted…»

«La última pregunta, señor Fernández Díaz usted ha estado al frente del Ministerio del Interior durante cinco años. ¿Hay alguien más que tendría que tener miedo?»

«¿De quién tiene miedo?», preguntó el ministro.

«De gente como usted, de que gente de su partido, planifique, invente, distribuya informes falsos sobre gente, sobre sus familias, sus organizaciones…»

Y Fernández Díaz explotó:

«¿Usted ha dicho eso? Usted no me puede insultar. Usted ha hecho una valoración, que conlleva una falta de respeto absoluta… y ya que se pone tan pesado… pues mire usted perdone —le contestó tras recuperar unos papeles que llevaba preparados en una funda de plástico—, pero mire, ¿le suena a usted una agencia de detectives que estuvo trabajando en Cataluña? ¿Le suena? Su partido la conoce. Le voy a decir, en 2013 salió a la luz en todos los medios de comunicación… Tengo aquí un breve extracto de algunas informaciones: "Los espías grabaron al ministro del interior"», —leyó en la portada de *El Periódico* del 30 de abril de 2012.

Mientras miraba al ministro me preguntaba: ¿Será mentiroso? ¿Recuerdan ustedes la reunión del ministro en La Camarga con otros altos cargos? ¿Recuerdan al policía García Castaño ordenándole a una periodista: «Dile a Marco, que te diga qué tiene contra el ministro del Interior» Y lo peor de todo es que Fernández Díaz sabía que aquello era falso. Pero continuó:

—Entonces, no había duda, no había un chivo expiatorio al que colgarle esos informes. Pero ah, cuando aparecen estas grabaciones [las de él con Daniel de Alfonso], perfecto, ya tenemos el chivo expiatorio, al que cargarle el mochuelo. ¿Me he explicado señoría? Gracias.

Minutos después yo le redactaba el siguiente burofax que al día siguiente firmaría como recibido la empleada del hogar de su vivienda:

Antes de nada quiero desearle una pronta y definitiva recuperación de su enfermedad. Le escribo a raíz de su intervención en la «Comisión de Investigación sobre la utilización partidista en el Ministerio del Interior (bajo el mandato del ministro Fernández Díaz)» del pasado 5 de abril en la que usted, tras enseñar unos artículos de prensa referidos a mi empresa, los hizo suyos, les dio verosimilitud y añadió que «hay tal cantidad de prensa aludiendo a esos informes que claro no había un chivo expiatorio al que colgarle esos informes» (...).

Ante lo anterior, quiero manifestarle:

1. En el Juzgado de Instrucción 14 de Barcelona se me investigó por la grabación de La Camarga y no por haber realizado informes sobre políticos, menos por haber hecho 500 informes. Esa información se filtró de forma interesada desde el Ministerio del Interior, sin tener ningún tipo de sustento judicial, tal y como se demostró en los tribunales de justicia. Haciendo mías sus palabras «no soy yo, ni es usted. Es la Audiencia Provincial de Barcelona (quien lo dice) y creo que es un elemento de autoridad».

2. Tampoco se me investigó judicialmente (ni tan siquiera existieron indicios) por haberle grabado a usted. Jamás le he investigado a usted ni a ningún miembro de su familia (...).

3. El Ministerio del Interior que usted dirigía me ha detenido dos veces y en ambos casos la justicia ha dictaminado que no existía reproche penal alguno contra mí. Sin embargo, al contrario que usted, en ambos casos lo he denunciado y se están llevando a cabo investigaciones judiciales por acusación y denuncia falsa, prevaricación, falso testimonio y fraude procesal.

4. Y es que la policía que usted dirigía, además, realizó seguimientos sobre mí (de los que tengo constancia documental), que se pagaron con fondos públicos, y que no tenían ningún tipo de sustento judicial; ya ni tan siquiera había abierto un procedimiento judicial en mi contra cuando se materializaron en el año 2014.

5. También su Ministerio pagó con fondos públicos a dos ex empleados de mi empresa para investigarme, algo por lo que, también, he recurrido a la justicia.

En suma y con el máximo de los respetos, le rogaría que en el futuro no me acuse públicamente y me impute actividades presuntamente ilegales, de las que ya existen sentencias judiciales (como en su caso con el Tribunal Supremo) que dicen lo contrario a lo que usted manifestó en el Congreso de los Diputados».

Pocos días después recibía una atenta carta de la presidenta del Congreso Ana Pastor a la que le contestaba con una carta certificada:

Adjunto le remito, a los efectos oportunos, la documentación solicitada por el presidente de la Comisión de Investigación sobre la utilización partidista en el Ministerio del Interior, bajo el mandato del Ministro Fernández Díaz, de los efectivos, medios y recursos del Departamento y de las Fuerzas y Cuerpos de Seguridad del Estado con fines políticos.

Y, en concreto, le adjunto las denuncias presentadas en la Audiencia Nacional en la que se incluyen los mensajes concretos de Whatsapp cruzados entre el Sr. Peribáñez y su pareja sentimental, así como la actividad desplegada por éste y por su socio Antonio Tamarit Febrero. En la documentación se incluye, también, las notas policiales que usted me solicita y que, en su día, fueron enviadas a la Audiencia Nacional.

El archivo con el global de todos los mensajes de Whatsapp están aportados y, por ello subíndice en el Juzgado de Instrucción 21 de Barcelona. Sin embargo, los más representativos son los referidos en la documentación adjunta.

Y todo ello lo hago, a los efectos oportunos, para los trabajos de dicha Comisión al haber sido requerido para ello».

No había duda, Zoido había acabado con la Operación Cataluña y eran los tribunales de justicia los que tomaban cartas en el asunto catalán.

25 de abril de 2017
Audiencia Nacional

Con todos los medios de comunicación clamando por su ingreso en prisión, más desde que el expresidente de la Comunidad de Madrid Ignacio González hiciese lo propio, se presentaba Jordi Pujol Ferrusola en la Audiencia Nacional, de donde ya no iba a salir en libertad.

Los letrados de Pujol habían intentado por todos los medios que aquello no ocurriese y consideraban que los investigadores no habían acreditado que los fondos que había movido en plenas pesquisas judiciales tenían un «presunto origen criminal» o constituían fondos de «origen desconocido». Y es que, a su juicio, ambas expresiones «no vienen revestidas del más mínimo rudimento probatorio». Según Martell y Carrillo, «la profusa y exhaustiva investigación durante cinco años no ha permitido identificar, por inexistentes, a qué concreta licitación, concurso o adjudicación pueda referirse» el origen del dinero utilizado.

No obstante, los informes de la Udef se explayaban en afirmación de delitos de cohecho, tráfico de influencias, alteración de precios en concursos y subastas públicas. Sin embargo, sus letrados, creían que «los sucesivos informes policiales, sin mayores aditamentos probatorios, repiten como un mantra que los ingresos provienen de "comisiones ilícitas", de la "comisión de diferentes delitos entroncados con la corrupción", de la "obtención de resoluciones, adjudicaciones y licitaciones favorables"».

Fin de la Operación Cataluña

Interior parecía más calmado tras la limpieza interna y sus exmiembros seguían declarando en sede parlamentaria sobre las investigaciones prospectivas que habían realizado en Cataluña. Yo había preparado la primera edición de *Operación Cataluña* y en pocos días declararía en el Parlament de Catalunya en la denominada Comisión de Investigación sobre la Operación Cataluña.

No sabía que el PP de Cataluña, por boca del entorno de Alicia Sánchez Camacho y no de Xavier García Albiol, iba a intentar atacarme de nuevo.

9 de mayo de 2017

Sonriente y sin corbata, Xavier García Albiol se presentaba ante los medios de comunicación para advertir a Puigdemont y su Gobierno:

«Van a tener graves problemas con la justicia.»

Esa misma mañana, el *Diari Oficial de la Generalitat de Catalunya* (DOGC) había licitado por 200.000 euros el suministro de urnas para «las elecciones al Parlamento de Cataluña, consultas populares y otras formas de participación ciudadana». Nuevamente la Abogacía del Estado, en nombre del presidente del Gobierno, interpuso un recurso de inconstitucionalidad contra las partidas presupuestarias referidas a gastos vinculados con la celebración de un referéndum.

Al día siguiente, el Tribunal Constitucional en Sentencia n.º 51/2017 de 10 de mayo, estimó íntegramente el recurso en el que, declarando la inconstitucionalidad de la Ley de Referendum, recuerda: «Es obligado, en efecto, concluir en que la Ley de Cataluña 4/2010 infringió la Constitución al introducir en el ordenamiento la modalidad de referéndum de ámbito autonómico, consulta popular esta que ni fue prevista por la norma fundamental ni aparece contemplada, tampoco, en la legislación orgánica de desarrollo, a estos efectos, del derecho a participar directamente en los asuntos públicos (arts. 23.1, 81.1 y 92.3 CE), con la consiguiente lesión de la exclusiva competencia estatal para la regulación, en los términos que hemos señalado, de la institución del referéndum (art. 149.1.32 CE)».

22 mayo de 2017
Palacio de Cibeles

Carles Puigdemont, acompañado de Oriol Junqueras, y del consejero de Asuntos Exteriores, Raül Romeva, reiteró en Madrid su voluntad de «dialogar» con el Ejecutivo de la nación para pactar la pregunta del referéndum, la fecha e incluso la mayoría necesaria para que el resultado fuese vinculante. «No nos rendimos en la exploración del dialogo porque nos lo exige la mayoría de la población catalana», indicó el president durante la conferencia, celebrada en el ayuntamiento de la capital española mientras advertía:

«El referéndum se va a celebrar sí o sí.»

Además, crecido, advirtió:

«Si el diálogo no llega, el objetivo no será celebrarlo, sino invitar al Gobierno español a contribuir a la transición de un nuevo Estado catalán.»

Puigdemont se dirigió al Ejecutivo para afirmar que no debe contar con ellos «para simulacros», «maniobras de dilación» o escenificaciones «de falsa voluntad de diálogo». El presidente autonómico no dudó en afirmar que «nada» les debe hacer creer que renunciarán al derecho de la autodeterminación y exigió al mismo tiempo «no engañar a nadie ni hacer perder el tiempo».

Dos días después Puigdemont enviaba una carta a Mariano Rajoy a la que adjuntaba dos documentos: el acuerdo que aprobó ese martes el Gobierno catalán en el que solicitaba el inicio formal de estas negociaciones, y una moción aprobada recientemente por el Parlamento regional sobre el referéndum. Además, le exponía que ha llegado el «momento imprescindible» de que los dos Gobiernos puedan sentarse en la mesa a dialogar. En su misiva señala que la Generalitat tiene la «máxima voluntad» de «buscar una solución pacífica pactada y acordada» pero que esta debe dar respuesta a la «demanda de la ciudadanía de Cataluña de poder decidir su futuro».

Rajoy, que posiblemente ya conocía que todo aquello no era más que un mero ardid (¿recuerdan el documento secreto #EnfoCATs?) respondía a la carta de Puigdemont con un contundente no. El presidente del Gobierno rechazaba cualquier tipo de negociación encaminada a la celebración de la consulta y acusó al Govern de amenazar al Estado central reiterándole su invitación de cambiar la Constitución acudiendo al Congreso de los Diputados. «Lo que no cabe es plantear una negociación a espaldas de los verdaderos cauces democráticos y de la ley».

No serían las únicas misivas que se iban a intercambiar en los próximos meses. Mientras los cuarteles de la policía empezaban a recibir a más agentes y el plan de contingencia para Cataluña ya estaba cerrado.

Empezaba la verdadera guerra.

6 de junio de 2017
Comisión de Investigación
Congreso de los Diputados

Comparecía el ex director general de la Policía, Ignacio Cosidó que con cara de preocupación escuchó al diputado Legarda Uriarte:

«En 2013 hubo un caso importante. Se desmantela Método 3. En su registro se empleó un número ingente de policías y dos fiscales. Luego, la jurisdicción penal no consideró que Método 3 fuera imputable de delito alguno. Ahora vienen mis preguntas. Visto lo visto, ¿fue un montaje policial para blanquear información que la Policía Nacional había obtenido por otros medios, entre ellos, dos trabajadores de Método 3 y colaboradores policiales, como los señores Peribáñez y Tamarit? ¿Es el origen de la información contenida en los pendrives anulados como prueba por el juez De la Mata estos días en el caso Pujol y por los que se ha imputado a los señores Pino y Bonifacio Díez? ¿Qué nos tiene que decir sobre esta operación de la Policía Nacional a su mando y sus consecuencias?»

Cosidó, tardó poco en contestar:

«Como toda operación judicializada, y esta lo fue, le corrijo que fuera una operación a mi mando, sería al mando del juez y del fiscal que en su momento llevaron el caso. Que yo sepa, si las cosas hubieran sucedido como usted dice que sucedieron, probablemente el propio fiscal o el propio juez hubiera adoptado algún tipo de medida, porque estaríamos ante una actuación claramente irregular. Sin entrar en el fondo de la operación, porque no me corresponde valorarla, le digo que discrepo, porque fue una operación judicializada.»

«Quería preguntarle si conocía que los señores Peribáñez y Tamarit eran colaboradores de la policía a su mando, que se les pagaba con fondos reservados, según han declarado el DAO, señor Pino, y el señor Villarejo, y que reportaban en distintas épocas al señor Martín Blas, a través de Eladio Rubén, y al señor Villarejo, a través de Jiménez Raso. ¿Qué sabe de estos colaboradores con altos mandos policiales a su cargo?», le preguntó, de nuevo, el diputado vasco

«Sobre los confidentes o sobre los pagos con fondos reservados ni sé ni si supiera se lo podría contar, porque, en todo caso, debería ser en la Comisión de Secretos Oficiales donde se podría dar ese tipo de información de pagos con fondos reservados contestó el ex director general de la Policía.»

Ya no quedaba nada de la Operación Cataluña. Meses después Pino declararía como imputado junto a otros de sus policías y Villarejo acabaría en prisión. ¿Recuerdan que de forma críptica señalaba que Villarejo había realizado labores de contrainteligencia para un dictador africano? Pues bien aún no se sabía que la Audiencia Nacional lo estaba investigando por diversos delitos y por sus vínculos con un país africano.

El anuncio del referéndum

9 de junio
Pati dels Tarongers
Generalitat de Catalunya

A las 8.30 de la mañana, mientras comenzaba la reunión extraordinaria del Gobierno catalán convocada por Carles Puigdemont, una tromba de agua se desataba sobre Barcelona. Pero ni siquiera las inclemencias entorpecían a Puigdemont que, con gran solemnidad formal, frente a una inmensa bandera catalana y en tono institucional, anunciaba, después de recordar la vuelta de Josep Tarradellas a España hacía 40 años, que convocaba a los catalanes a un referéndum «en ejercicio del legítimo derecho de autodeterminación de una nación milenaria».

La puesta en escena para el anuncio era la de un presidente arropado a derecha e izquierda por los miembros de su Govern y por los diputados de JxSí y la CUP que formaban la mayoría independentista del Parlament con 71 diputados de 135. También dejaron un sitio especial —justo al lado y detrás del presidente— para los cuatro miembros de la Mesa de JxSí que estaban siendo investigados por la justicia por haber permitido el debate de varias iniciativas soberanistas: Carme Forcadell, Lluís Corominas, Anna Simó y Ramona Barrufet.

«El Govern se conjura para ofrecer todas las garantías, y llama a todos los ciudadanos a ejercer un derecho inalienable, el derecho a decidir el futuro de su país —dijo, antes de cerrar con un: *Visca Catalunya.*»

La Generalitat llamaba así a los catalanes a las urnas con la pregunta: «¿Desea que Catalunya sea un Estado independiente con forma de república?», una formulación pensada para satisfacer tanto al PDECat como a ERC, y que se pensaba formular en las tres lenguas oficiales de Catalunya, catalán, castellano y aranés.

Mientras tanto, en Madrid, el Ejecutivo español señalaba las diferentes vías legales de las que disponían para impedir que la Generalitat materializase una llamada ilegal a las urnas, entre otras, la suspensión de diferentes organismos o altos cargos de la Generalitat por la vía del Tribunal Constitucional gracias a la reforma de la ley de este órgano judicial en 2015. Pero esta no era la única vía que desde el PP se barajaba ante un caso de rebeldía de la Generalitat. Durante las semanas previas, diferentes representantes del partido aludían al famoso artículo 155 de la Constitución, dotándolo de una interpretación que conferiría poderes al Gobierno central para suspender todo o parte del Govern catalán. No se sabe que, en privado, dudaban de su aplicación por si existían problemas sociales en Cataluña.

20 de junio de 2017
Parlament de Catalunya

Ese día declaré en la sede del Parlament de Catalunya y me presenté con la rabia contenida de saber que el grupo de Eugenio Pino había actuado contra mí tal y como había quedado claro en las diferentes comisiones de investigación. Pero no iba a ser un camino de rosas porque, nuevamente, el PP de Catalunya iba a actuar defendiendo a Alicia Sánchez Camacho.

Señala *La Vanguardia* de ese mismo día que «la comisión de la Operación Catalunya en el Parlament ha ofrecido instantes de alta tensión entre el detective Francisco Marco, director de la agencia Método 3, y la diputada del PPC Esperanza García que ha obligado a intervenir a la presidenta Alba Vergés (JxSí) y ha acabado con el abandono de la comisión por parte de la misma García y su compañero de grupo Sergio Santamaría».

La diputada popular me dijo, en su turno de intervención, que yo había sido inhabilitado como detective, lo que me irritó hasta el punto de que le exigí que se retractara de su «mentira» porque nunca me han retirado la licencia de detective. ¿Por qué tienen que mentir los políticos y por qué no pueden rectificar cuando se equivocan?

Días después Interior expedía un certificado que demostraba que jamás me habían suspendido la licencia de detective o inhabilitado y lo enviaba al Parlament solicitando que Esperanza García se retractase de sus palabras.

6 de julio
Forum Europa

De rojo y blanco, con una gran sonrisa en los labios, Carme Forcadell, la presidenta del Parlament, se presentó ante un auditorio dividido ideológicamente entre los que se encontraban el expresident de la Generalitat José Montilla o el portavoz de Ciudadanos, Carlos Carrizosa. Forcadell aludió directamente a lo que se debatía en la Comisión Parlamentaria del Parlament.

«Se trata (la Operación Cataluña) de una muy probable operación de Estado en las que se hallarían implicados miembros del Gobierno español, agentes policiales y de inteligencia y otras instituciones que habrían investigado ilegalmente a ciudadanos por sus ideas políticas, unas ideas políticas totalmente legítimas (...) Es un tema grave que vulnera el Estado de derecho y las libertades civiles más básicas y una operación en la que habrían tratado de desacreditar a representantes políticos mediante la creación, exageración, o difusión de supuestos escándalos de corrupción.» Y tenía razón. Sin embargo, lo más inquietante estaba por llegar en el turno de preguntas:

«Estoy segura de que el día 1 de octubre votaremos y que el Gobierno de Cataluña está trabajando para eso, y que cuando se dijo que votaríamos sabían las dificultades que habría. Pero no son insalvables.»

21 de julio
Jefatura Superior de Policía de Barcelona

¿Recuerdan que la ley de presupuestos ocultaba partidas presupuestarias para la creación de estructuras ocultas que asegurase la celebración del referéndum? Pues bien, esa mañana llegaba un anónimo a la Policía Nacional que advertía de que el Centro de Telecomunicaciones y Tecnologías de la Información (CTTI), un organismo público de la Generalitat estaba inmerso en un proyecto de «alto secreto». «Recientemente, el CTTI ha solicitado al proveedor un número considerable de servidores (más de 100) para un nuevo proyecto denominado internamente como Taulat».

El informante aseguraba que esa consejería del Govern era la destinataria de ese proyecto y, por tanto, la responsable de afrontar el coste de los trabajos. La operación Taulat tenía como último objetivo la creación de una Hacienda catalana que permitieran a la Generalitat ser autosuficiente el día después de declarar la independencia.

Una segunda denuncia anónima enviada a la Policía incidió en la implicación del Departamento de Trabajo, Bienestar Social y Familia en otro presunto desvío de fondos públicos, indicaba *El Confidencial*. En este caso, el aviso alertaba de que en las oficinas de la Agencia de Protección Social del Paseo de Taulat se estaba desarrollando un «software con referencia al 1 de octubre» y que estaban utilizando «presupuesto de otros gastos de prestaciones para contratar personal que ese fin [sic]». Es decir, que los recursos de esa cartera del Gobierno estaban siendo usados para un fin distinto al validado por el Parlament.

Otros informes policiales, según me comunicó un informante, han centrado otros desvíos en los presupuestos de la Generalitat para costear el montaje de la administración paralela y la celebración de la consulta. En algunos casos, como en la campaña de publicidad para el voto exterior, se utilizaron contratos marco para camuflar gastos prohibidos por el Tribunal Constitucional.

12 de agosto
RAC1

«Hay censo y hay urnas. Esto es lo que a nosotros nos han hecho llegar. Por lo tanto, desde esta lógica de confianza, nosotros nos lo creemos», declaraba la diputada de la CUP en el Parlament Mireia Vehí.

Pocos días antes, los presidentes y portavoces de los grupos parlamentarios Junts pel Sí y la CUP habían presentado formalmente en el registro general del Parlament de Cataluña (Registro n.º 67916) la denominada «Proposición de ley del referéndum de autodeterminación», mediante la cual se «regula la celebración del referéndum de autodeterminación vinculante sobre la independencia de Cataluña, las consecuencias en función de cuál sea el resultado y la creación de la Sindicatura Electoral de Cataluña», proclamando la soberanía del pueblo de Cataluña y señalando que dicha ley «prevalece jerárquicamente sobre todas las normas que puedan entrar en conflicto, en tanto que regula el ejercicio de un derecho fundamental e inalienable del pueblo de Cataluña».

Por eso, Vehí afirmaba:

«Cuando una ley es injusta, la desobediencia es legítima. El Parlament aprobará una ley de referéndum que inmediatamente será impugnada y el Parlament deberá aguantar el embate. Si disuelven el Parlament, los diputados de la CUP no se marcharán del Parlament. Que nos venga a sacar la Guardia Civil.»

Nadie sabía, aún, que a finales de mes, Interior anunciaría la renovación de la cúpula de Interior y el 17 de agosto, el Estado Islámico (ISIS, en sus siglas en inglés) golpearía el corazón de Barcelona dejando un reguero de muertos y heridos en el atentado más grave que sufría España desde el 11-M y el primero yihadista desde entonces.

17 de agosto

Diez minutos antes de las cinco de la tarde, una furgoneta Fiat de color blanco irrumpió en el paseo peatonal central de la turística Rambla de Barcelona. A esa hora, estaba repleto de peatones, muchos de ellos turistas. El vehículo arrolló a más de un centenar de ciudadanos «a una velocidad importante», explicó pasadas las 23 horas del jueves el jefe de los Mossos d'Esquadra, Josep Lluís Trapero. Recorrió un tramo de unos 500 metros con una forma de operar similar a los atentados ocurridos en Berlín, Niza y Estocolmo.

Finalmente, la furgoneta se detuvo, sobre el mosaico de Joan Miró, algo antes de la altura del teatro del Liceu. El conductor abandonó el vehículo y se dio a la fuga.

Los Mossos d'Esquadra realizaron una labor encomiable y perfecta que se vería empañada con las primeras disensiones entre el Mayor Trapero y el Ministerio del Interior.

28 de agosto

Pero ni el terrorismo paraba el camino hacia la independencia y esa mañana fue presentada en el registro general del Parlament de Cataluña por los presidentes y portavoces de los grupos parlamentarios Junts pel Sí y la CUP la Proposición de ley de transitoriedad jurídica y fundacional de la república.

Según la exposición de motivos, tiene como primera finalidad «dar forma jurídica, de manera transitoria, a los elementos constitutivos básicos del nuevo Estado para que de forma inmediata pueda empezar a funcionar con la máxima eficacia» y «regular el tránsito del ordenamiento jurídico vigente al que debe ir creando la república, garantizando que no se producirán vacíos legales, que la transición se hará de manera ordenada y gradual y con plena seguridad jurídica; asegurando, en suma, que desde el inicio el nuevo Estado estará sometido al derecho; que en todo momento será un Estado de derecho.»

La ley del referéndum

Nadie creía que se atreviesen a tramitar una ley del referéndum. Pero a las 9 horas del 6 de septiembre Junts pel Sí y la CUP registraban una petición dirigida a la Mesa del Parlament para que iniciase la tramitación de la ley.

En una reunión extraordinaria celebrada antes del inicio del pleno del Parlament, la Mesa había dado luz verde a la tramitación de la proposición de ley del referéndum que pretendía dar amparo legal a la consulta prevista para el 1 de octubre.

La sesión del Parlament fue una bronca continua entre la mayoría separatista de JxSí y la CUP y los grupos de la oposición, que se prolongó durante doce horas y concluyó con la aprobación de la ley. El debate parlamentario empezó a las 9 de la mañana y la ley no se pudo aprobar hasta las 21.33 horas, con los 72 votos de la mayoría independentista y las 11 abstenciones de CatalunyaSíQueEsPot en un hemiciclo para entonces medio vacío.

Aquel acto fue el inicio del camino hacia la prisión de los convocantes.

Casa dels Canonges
Palau de la Generalitat

No se sabe que los días previos a esa jornada trascendental el «sanedrín del procés» había estado reunido en maratonianas jornadas. Al cónclave asistieron los miembros de la ANC y Òmnium, junto a David Madí (ex secretario de comunicación y estrategia de CDC), Joan Puigcercós (exlíder de ERC) y Oriol Soler (antiguo militante del *Moviment de Defensa de la Terra* y creador de *Grup Cultura* 03). Ellos diseñaron la hoja de ruta de aquella jornada.

9 horas

«La reconsideración del orden del día solicitada se basa en una iniciativa parlamentaria que vulnera los preceptos del Tribunal Constitucional. Están intentando atropellar los derechos de todos los catalanes, suplantan la voluntad de todos por una parte de ellos. Pretenden alterar los trámites de cualquier iniciativa legislativa, para evitar que haya un verdadero debate. Dos horas no son suficientes para derogar el Estatuto de Cataluña», remarcaba el diputado de Ciudadanos Carlos Carrizosa.

Como he dicho, la jornada se había iniciado siguiendo el guión previsto: la Mesa del Parlament aceptó a primera hora de la mañana la petición de los independentistas para modificar el orden del día del Pleno e incluir la tramitación de la ley que pretende dar legitimidad al referéndum del 1-O. A partir de ese momento comenzó un rifirrafe sobre procedimientos legales que partió en dos el Parlament y puso en evidencia en más de una ocasión la falta de experiencia de la presidenta de la Cámara, Carme Forcadell, a quien los grupos de la oposición acusaron de tomar partido por el bloque independentista y de olvidar su figura institucional.

Mientras, la portavoz de la CUP Anna Gabriel remarcaba: «Somos un sujeto político soberano. Queremos aprobar esta ley y que finalmente sea la gente la que pueda votar sí o no la independencia de esta parte de los Països Catalans.»

En el mejor de los estilos parlamentarios, Carlos Carrizosa, de azul y gesticulando con las manos para mostrar su enfado, calificaba de «escandaloso» que se vulneraran los derechos de todos los diputados. Y la bronca no paró hasta que a las 10:45 se interrumpió el pleno para que se reuniese la Mesa y la junta de portavoces, para analizar la situación y tomar una decisión. Tras una hora, y cuando parecía que iba a retomarse el pleno, Ciudadanos forzó con una recusación otra interrupción para una nueva reunión de la Junta de portavoces.

11:29

Estaba claro que los nacionalistas querían vulnerar la ley y nada se lo iba a impedir. Ni siquiera el secretario general del Parlament, Xavier Muro, y el letrado mayor, Antoni Bayona, máximas autoridades en materia legal de la cámara, que presentaron un escrito advirtiendo de la ilegalidad que se estaba cometiendo.

Pero nadie les hizo caso y a esa hora el *Boletín Oficial del Parlament* publicaba la ley del referéndum tras ser admitida a trámite.

Una hora después se reanudaba el pleno del Parlament, pero sólo durante apenas un minuto. Entonces, la presidenta de la Cámara, Carme Forcadell, volvió a interrumpir la sesión después de que el portavoz de Ciudadanos presentase otra petición de reconsideración que obligaba a la Mesa a reunirse de nuevo.

Todo en vano, porque a las 13:45 el pleno aprobó por 72 votos a favor, 60 en contra y 3 abstenciones alterar el orden del día; también aprobó con los votos de los independentistas la exención de los trámites parlamentarios para esta ley, ni siquiera permitirían tramitarla con las garantías parlamentarias habituales. Al medio día Forcadell suspendía finalmente el pleno.

14:15
Madrid

Mientras en Barcelona los parlamentarios comían, la vicepresidenta del Gobierno, Soraya Sáenz de Santamaría, calificaba en una comparecencia ante la prensa de «acto de fuerza» las decisiones del Parlament de Catalunya.

«No he pasado más vergüenza democrática en toda mi vida política», aseguró, mientras anunciaba que Mariano Rajoy ya había ordenado a la Abogacía del Estado que interponga un incidente de ejecución de sentencia ante el Tribunal Constitucional que declare nulos y sin efecto los acuerdos tomados hoy en el Parlament y busque a los responsables penales.

15:15
Parlament

«Este es el debate sobre el ejercicio del derecho a la autodeterminación en Cataluña, no es un debate sobre una ley más o de una ley cualquiera», defendió la portavoz de Junts pel Sí Marta Rovira tras reanudarse el pleno como justificación para saltarse los trámites ordinarios en la tramitación de la ley.

Sin embargo, Ciudadanos volvía a cargar contra la actuación de la presidenta de la Cámara, Carme Forcadell:

«Lamento tener que dirigirme a usted como si fuera la presidenta del Govern o de la ANC», le contravino Carles Carrizosa.

Mientras el PSC reclamaba que se siguiesen los trámites legalmente establecidos para tramitar la ley porque en caso contrario se trataría de un acto arbitrario. Aquellas palabras provocaron que el pleno se suspendiese momentáneamente para que la junta de portavoces valorase la reconsideración de la admisión a trámite de la ley del referéndum, tal y como había demandado la oposición.

Obviamente, fue una pantomima más de los nacionalistas.

16:10

Tras reanudarse el pleno con la sesión de control, el presidente de la Generalitat, Carles Puigdemont, invitaba a la oposición a participar en el debate posterior de la ley del referéndum y arremetió contra la vicepresidenta del Gobierno, Soraya Sáenz de Santamaría, por «amenazar» e «insultar» a los catalanes.

Creían que finalmente podrían votar. Pero una hora después el pleno se suspendía de nuevo, y el Consejo de Garantías Estatutarias daba la razón a la oposición al dictaminar que los grupos del Parlament tenían derecho a solicitar un dictamen de este organismo sobre la proposición de ley del referéndum.

Pero nada les iba a parar y la Mesa del Parlament desoía ese dictamen y a las 19:31 se reanudaba, de nuevo, el camino hacia la independencia.

21:25

Tras casi doce horas de enfrentamiento, los diputados de Ciudadanos, el PSC y el PP abandonaban el hemiciclo antes de la votación de la ley del referéndum dejando tras de sí unas banderas españolas que la diputada de Podem Àngels Martínez retiraba mientras su grupo permanecía en el pleno, para abstenerse en la votación de la ley del referéndum. El Parlament aprobó la ley del referéndum con 72 votos a favor —JxSí, CUP y el diputado no adscrito, Germà Gordó—, ninguno en contra y 11 abstenciones de Catalunya Sí Que Es Pot.

22:30
Sala 4 del Parlament

El presidente de la Generalitat y sus consejeros firmaban el decreto por el cual quedaba convocado el referéndum sobre la independencia de Cataluña para el 1 de octubre.

Ya de madrugada, la Mesa del Parlamento catalán admitió a trámite la «ley de transitoriedad jurídica y fundacional de la república», la principal ley de desconexión con el Estado, impulsada por Junts pel Sí (JxSí) y la CUP, y con los votos a favor de los cuatro miembros de JxSí en la Mesa, incluida la presidenta del Parlament, Carme Forcadell, el voto contrario de los representantes de Ciudadanos y el PSC, y la abstención del representante de Catalunya Sí Que Es Pot.

Al día siguiente, los catalanes ya sabíamos que Puigdemont no entendía la necesidad de un pluralismo ideológico y desde Madrid pondrían en marcha la maquinaria del Estado para evitar que el 1 de octubre se votase.

PRIMEROS MECANISMOS LEGALES CONTRA LA INDEPENDENCIA

7 de septiembre
Consejo de Ministros

Con los miembros de su gabinete presentes y sentados en primera fila en la sala de prensa del Palacio de La Moncloa, Mariano Rajoy asumió el papel de portavoz para explicar los acuerdos tomados por el Consejo de Ministros extraordinario convocado para poner en marcha los mecanismos legales para anular todos los pasos que habían dado los separatistas tanto en la cámara autonómica como en el ejecutivo regional.

En la Fiscalía

Mientras el fiscal general del Estado, José Manuel Maza, se sentó frente a la prensa para anunciar la presentación de otra querella contra el presidente de la Generalitat, Carles Puigdemont, y el resto de los miembros del Govern por firmar el decreto de convocatoria de un referéndum sobre la independencia de Cataluña el 1-O.

«Se están ultimando sendas querellas criminales para los miembros de la Mesa y otra dirigida a los miembros del Govern por haber dictado los decretos de convocatoria y organización del referéndum y serán presentadas en breve en el TSJC», señaló.

Tribunal Constitucional

Los doce magistrados acordaron aquella noche admitir a trámite los recursos presentados por el Gobierno de Mariano Rajoy y desmontar el andamiaje ilegal aprobado por el Parlament y el Govern de Cataluña.

La decisión fue unánime lo que suponía la suspensión automática de la ley de la consulta con la advertencia a las autoridades de su deber «de impedir o paralizar cualquier iniciativa que suponga ignorar o eludir la suspensión acordada». En particular, que deben abstenerse «de iniciar, tramitar, informar o dictar, en el ámbito de sus respectivas competencias, acuerdo o actuación alguna que permita la preparación y/o la celebración del referéndum sobre la autodeterminación de Cataluña regulado en el decreto objeto de la presente impugnación». Se les apercibe «de las eventuales responsabilidades, incluida la penal, en las que pudieran incurrir en caso de no atender este requerimiento».

En el Parlament

Mientras en España se tomaban medidas ajustadas a la legalidad, en el Parlament se vivió una nueva jornada de surrealista con la aprobación de la Ley de transitoriedad jurídica y fundacional de la república —con 71 votos a favor, 10 en contra y ninguna abstención.

10 de septiembre
Patio de Carruajes
Generalitat de Catalunya

Con una imagen cuidada, Puigdemont se ponía frente a las cámaras de televisión para lanzar un mensaje institucional previo a la Diada:

«Las urnas son para todo el mundo, para los que quieren una Cataluña independiente y para los que legítimamente quieren continuar formando parte de España. Las urnas unen, no dividen, porque en las urnas cabe todo el mundo. Lo que divide, lo que degrada la democracia, es no votar», remachó.

Necesitaban que la población saliese a la calle y lo dejó muy claro:

«Esta no es una Diada cualquiera. Es una Diada muy importante, que hemos de celebrar activamente con la alegría y el civismo que nos caracterizan. Es un día para expresar nuestra voluntad de ser como pueblo.»

Luego añadía:

«Ya está todo a punto para que los catalanes y las catalanas puedan ir a votar cómo han hecho siempre, con plena normalidad.»

No aparentaba ningún tipo de preocupación por desafiar al Estado:

«Solo el Parlamento puede inhabilitar el Gobierno que presido», dijo en referencia a las medidas de carácter judicial adoptadas desde el Ejecutivo de Mariano Rajoy ante el Tribunal Constitucional.

Sin embargo, los miembros del Govern ya señalaban en privado que el president estaba en manos de la CUP y que, aunque apareciese muy seguro en los medios de comunicación, en privado empezaba a mostrar grandes signos de debilidad. Y no era para menos.

Dos días antes, el fiscal general del Estado, José Manuel Maza, había remitido un oficio al fiscal superior de Cataluña en el que le ordenaba impartir una instrucción general a los máximos responsables de la Guardia Civil, de los Mossos d'Esquadra y de la Policía Nacional para que los funcionarios competentes de estos cuerpos, en labores de policía judicial, intervengan todos los «efectos» dirigidos a la «organización del referéndum» independentista previsto para el 1 de octubre. El oficio venía a concretar el anuncio realizado por el propio Maza durante la comparecencia pública en la que también adelantó la querella que había interpuesto el ministerio público contra el presidente de la Generalitat, Carles Puigdemont, y el resto de miembros del Govern por firmar el decreto que convocaba la consulta. La primera actuación de este tipo la había realizado la Guardia Civil al entrar en una imprenta de Constantí (Tarragona) y en la sede de la revista *El Vallenc* en Valls (Tarragona) por posible relación con material relacionado para el 1-O.

Comenzaban los registros para localizar papeletas y urnas.

11 de septiembre

A primera hora de la mañana me crucé con muchos manifestantes vestidos con la camiseta oficial verde fluorescente distribuida por la ANC, en homenaje a los voluntarios que en los últimos años habían colaborado en la celebración de las movilizaciones del 11 de Septiembre. Y, como los años previos, me fui de Barcelona para evitar el caos de la ciudad.

Por la noche supe que la movilización, que este año se había propuesto llenar de arriba abajo el Passeig de Gràcia y la calle Aragó, formando una gran cruz con esas dos grandes arterias perpendiculares, para simbolizar un signo positivo en favor de «la democracia y la libertad», se inició a las cinco de la tarde con un minuto de silencio en memoria de las víctimas de los atentados yihadistas de Barcelona y Cambrils (Tarragona).

Los soberanistas, trasladan así su desafío a las calles con más de un millón de almas clamando por la independencia, algo que la Fiscalía no podía admitir.

12 de septiembre
Fiscalía Superior de Cataluña

A las 12 horas del mediodía el jefe de los Mossos d'Esquadra, el mayor Josep Lluís Trapero; el jefe de la Policía Nacional en Cataluña, Sebastián Trapote; y el de la Guardia Civil, Ángel Gozalo se reunían para poner encima de la mesa las dos querellas presentadas por la Fiscalía General del Estado contra la Mesa del Parlament y Carme Forcadell, y contra Puigdemont y todo el Govern por haber firmado la ley del referéndum y el decreto de convocatoria.

En el encuentro, el fiscal superior de Catalunya, José María Romero de Tejada, entregó a los tres mandos policiales la instrucción con fecha del 8 de septiembre en la que se ordenaba a los tres incautar cualquier material vinculado con el referéndum de autodeterminación del 1 de octubre.

En su escrito, la propia fiscalía les recordó que tiene capacidad para dirigir esta investigación al margen de cualquier otra actuación judicial. Y pide a los tres mandos celeridad y urgencia en el redactado de atestados policiales. Es decir, les ordena que investiguen y localicen donde está el material que la Generalitat tiene previsto utilizar para la celebración de la consulta.

Ese mismo día, el Tribunal Constitucional suspendió la ley de ruptura que aprobó el Parlament de Cataluña tras admitir a trámite el recurso del Gobierno contra la denominada Ley de transitoriedad jurídica y fundacional de la república catalana. Sin embargo, en Cataluña no se daban por enterados y el portavoz del Govern, Jordi Turull, insistía en que el Ejecutivo «obedecerá al Parlament» y no a los tribunales estatales, después de que el Constitucional haya suspendido la Ley de transitoriedad jurídica y fundacional de la república catalana. No dijo que el Govern ya tenía a muchos miembros enfrentados entre sí. El propio Turull con el consejero de Territorio Josep Rull o el consejero de Empresa Santi Vila con el resto de los miembros del gabinete.

Al día siguiente, la Fiscalía General del Estado cursaba una orden a todas las fiscalías provinciales de Cataluña para que abriesen diligencias de investigación sobre los Ayuntamientos que mostraban su apoyo a la preparación y celebración del referéndum ilegal de autodeterminación previsto para el 1 de octubre. Los fiscales jefes de cada provincia debían citar, por medio de la policía judicial, a los alcaldes de cada uno de estos municipios, para que declaren ante el ministerio público «en calidad de investigado y asistido de letrado». La orden afectaba a 712 alcaldes y presidentes de otras entidades, como consejos comarcales o mancomunidades. La instrucción señala que «a la vista del número de municipios afectados, se procederá a dar preferencia en la tramitación a las diligencias que afecten a los municipios de mayor población».

El plan de seguridad para Cataluña

13 de septiembre

¿Se acuerdan del plan de seguridad para Cataluña que había ordenado poner en marcha el ministro Zoido a principios de año? Pues bien, esos días empezaban a llegar miembros de las unidades de intervención (UIP), popularmente conocidas como «antidisturbios», y agentes de la Policía Judicial procedentes de Madrid.

«Tenemos gente de toda España (UIP) y también han venido muchos GRS [Grupos de Reserva y Seguridad] de la Guardia Civil, ya veremos como acaba todo esto...», aseguraban diversos audios de la policía. Llegaban por decenas. Sin embargo, Zoido había dado órdenes claras:

«El plan de seguridad del Gobierno es para evitar el referéndum ilegal y solo se irá desarrollando a medida que hayan garantías judiciales y causas abiertas.»

¿Recuerdan la denuncia de Miguel Durán? Pues bien, ya había un juez que garantizaba las medidas procesales mientras el Gobierno fletaba tres cruceros y reservaba habitaciones en diversos hoteles en toda Cataluña para agrupar a los 1.200 miembros de la Policía Nacional y un número equivalente de efectivos de la Guardia Civil.

Pero los independentistas no se daban por enterados y al día siguiente iniciaban su particular campaña electoral.

14 de septiembre
Tarraco Arena

Con una nueva querella en marcha, esta contra la presidenta de la *Associació de Municipis per la Independència* (AMI), Neus Lloveras, y el presidente de la *Associació Catalana de Municipis* (ACM), Miquel Buch, por promover el referéndum del próximo 1 de octubre, a las 20:12 llegaban Puigdemont y Junqueras al Tarraco Arena, entre gritos de «*Independència*» y «*Votarem*» por parte de los asistentes.

Parecía que las advertencias judiciales no iban a hacer mella en los principales dirigentes de la Generalitat si no se traducían en actuaciones coercitivas concretas y con más de 8000 personas vitoreando sus nombres se debieron sentir invencibles.

Uno de los más aplaudidos fue Jordi Sánchez, el presidente de la ANC, que recordó entre aplausos:

«Estamos haciendo el mitin ilegal más importante de la historia de este país.»

También su compañero de fatigas Jordi Cuixart, presidente de Òmnium Cultural, se daba un baño de masas:

«Quieren suspender la autonomía de Cataluña. El mundo ya empieza a darse cuenta de que luchamos contra un Estado totalitario y demofóbico. Pero esto no lo para nadie», advertía.

Ninguno de los dos intuía que pronto estarían en prisión.

Quim Arrufat, cabeza visible de la dirección de la CUP, también mantuvo su particular ataque:

—[Enric] Millo, Soraya [Sáenz de Santamaría], un abrazo fraternal de los miles de insumisos e insumisas».

Y, a cada proclama, a cada promesa de desobediencia, la multitud se dejaba los pulmones gritando «votaremos, votaremos».

Puigdemont fue el último de una larga lista de oradores, pero el tono del discurso fue el mismo: «Dijeron que este acto no lo haríamos. Y no sólo lo hemos hecho, sino que con la gente que hay fuera lo podríamos hacer dos veces— subrayó. También recordó que él mismo publicitó en las redes sociales la nueva página web del referéndum apenas una hora después de que la Guardia Civil, por orden del juez, clausurara la original—. Toda la gente que dice que no podríamos hacer todo esto, ahora dice que el 1 de octubre no votaremos. A menos de 20 días, ¿alguien cree que el 1 de octubre no votaremos? ¿Qué país se creen que somos? ¿Qué clase de gente se creen que somos los catalanes?», se regodeó.

Aparentaba que empezaban a creerse su propia locura.

Esa misma mañana el conseller de Economía, Oriol Junqueras, había comunicado por carta al ministro de Hacienda, Cristóbal Montoro, que dejaría de enviar los informes semanales sobre los gastos de la Generalitat, y le recordaba que el Parlament aprobó el 6 de septiembre la ley del referéndum, que establece un «régimen jurídico excepcional, destinado a regular y garantizar la celebración del referéndum de autodeterminación» y que este régimen es «incompatible» con las medidas de control de gasto aprobadas por el Ejecutivo de Mariano Rajoy.

Montoro tardaría poco en intervenir las cuentas catalanas. Empezaban a aplicar el 155 de facto.

Por su lado, la Fiscalía de Tarragona abrió unas diligencias de investigación por el inicio de la campaña del referéndum del 1 de octubre y el acto de apertura en el Tarraco Arena.

15 de septiembre
Almacenes de publicidad y medios de comunicación

También la policía empezaba a desplegar toda su capacidad de investigación. Así, la Guardia Civil realizaban a lo largo de la tarde inspecciones en dos empresas: Marc Martí (y sus locales en Barcelona y L'Hospitalet) y Artyplan, esta última ubicada en Sant Feliu de Llobregat. En esos dos puntos se concentraron los partidarios de la independencia para protestar contra el operativo policial contra los preparativos del referéndum del 1 de octubre.

En Sant Feliu de Llobregat, la inspección de la Guardia Civil duró más de tres horas y contó con la participación de una decena de vehículos policiales y numerosos agentes. A las puertas del recinto industrial donde se encuentra la empresa Artyplan se concentraron un centenar de personas que han cantado lemas como «¡Votaremos!» y «Fuera las fuerzas de ocupación».

Además, parejas de agentes de paisano se presentaban en diversos medios de comunicación con sede en Cataluña para advertirles de que no debían incluir publicidad sobre el referéndum del próximo 1 de octubre. Entregaban una notificación del juzgado en la que se les advertía de que «se abstenga de incluir en su medio propaganda o publicidad relativa al referéndum del 1 de octubre, de cualquier manera». El documento les advierte también de las consecuencias: «En caso de no hacerlo, podrán incurrir en responsabilidades penales».

Al día siguiente las webs oficiales del referéndum ya no se podían consultar en España por orden judicial. Pocos minutos después, sin embargo, ya había dos copias activas, una iniciativa de la que se jactó el presidente de la Generalitat, Carles Puigdemont.

Ese mismo domingo, la Guardia Civil intervenía más de 1,3 millones de carteles y folletos de propaganda del referéndum en una empresa de distribución de propaganda ubicada en una localidad de la provincia de Barcelona. En total, hasta el momento se habrían intervenido casi un millón y medio de diferentes materiales de promoción del referéndum, así como planchas para su impresión.

Sin embargo, tanto las papeletas como las urnas ya estaban hechas.

19 de septiembre
UNIPOST

La Guardia Civil registraba ese martes las sedes que la empresa de mensajería Unipost tiene en L'Hospitalet de Llobregat y Terrassa (Barcelona), donde buscaban las notificaciones enviadas por la Generalitat a los ciudadanos para formar parte de las mesas electorales del referéndum.

Los guardias habían llegado a la sede de la empresa en L'Hospitalet sobre las cinco de la mañana para inspeccionar las furgonetas de reparto de Unipost. Era el golpe importante contra la logística del referéndum. Por eso, frente a la sede de la empresa se concentraron decenas de independentistas con banderas esteladas.

La búsqueda de la empresa encargada del reparto de la publicidad y las comunicaciones institucionales del 1-O se producía después de que la dirección de Correos emitiese la semana anterior una circular dirigida a los directores de sus oficinas en Cataluña en la que les recordaba que el referéndum del 1 de octubre estaba suspendido por el Tribunal Constitucional y, en consecuencia, pedía a sus empleados «abstenerse de realizar la admisión de envíos, o llevar a cabo cualquier acto, que pudiera estar relacionado con dicha consulta». Prestar cualquier servicio postal, advierte el texto de la empresa pública, implica «colaborar administrativamente» con el referéndum y piden que se notifique a todos los empleados ese escrito.

Pero el día más convulso aún estaba por llegar.

Empieza la violencia

¿Recuerdan la querella presentada por Miguel Durán y que un juzgado había abierto una pieza secreta? Pues bien, esa mañana daba comienzo a una jornada convulsa en el marco de la Operación Anubis.

20 de septiembre

Un operativo liderado por la Guardia Civil se presentó a las 8:30 de la mañana en la Conselleria de Presidencia, de Gobernación, de Economía y Hacienda, de Trabajo y Asuntos Sociales y de Exteriores, en la Agencia Tributaria, en el Departamento de Gobernació, en la Administración Abierta de Cataluña y el Centro de Telecomunicaciones y Tecnologías de la Información (CTTI).

Las primeras detenciones no se produjeron hasta media hora más tarde cuando Josep Maria Jové, secretario general de la Conselleria de Vicepresidencia y de Economía y Hacienda de la Generalitat, y mano derecha de Junqueras era detenido. Luego detenían al secretario de Economía, Pere Aragonès, y al de Hacienda, Lluis Salvadó. El total de detenidos fue de 14 personas.

A las 09:10 horas, la CUP hizo un llamamiento a concentrarse frente al Departamento de Economía. Entretanto, decenas de manifestantes cortan las Ramblas de Barcelona y la vía Laietana, a la altura de la plaza de Sant Jaume, cerca de la «conselleria» de Exteriores.

Parlamento
Madrid

Entretanto, en plena sesión de control al Gobierno en el Congreso de los Diputados, Gabriel Rufián «exige» a Mariano Rajoy que «saque sus sucias manos» de las «conselleries» en Cataluña. El presidente del Gobierno le reprende, pero se centran en subrayar la defensa de la legalidad. El Congreso, del que salen los diputados de ERC entre gritos y aplausos, vive una tensa jornada. Los diputados de PDeCAT se suman a ERC y abandonan el hemiciclo. Rajoy pide a Cataluña que dé marcha atrás y regrese al «sentido común».

A media mañana Rajoy y Albert Rivera se reunían de urgencia en Moncloa, y en Barcelona los ánimos estaban encendidos. Los universitarios salían en masa a la calle y las protestas callejeras se sucedían. Jordi Sánchez de la ANC llamaba a la gente a manifestarse a través de Twitter: «Ha llegado el momento. Resistamos pacíficamente. Salgamos a defender desde la no violencia a nuestras instituciones. Rambla Catalunya con Gran Vía».

Aquellas movilizaciones llevarían a la cárcel al líder a la ANC y al de Òmnium Cultural.

Palau de la Generalitat
Barcelona

El Govern, convocado con urgencia por Carles Puigdemont, se reunía mientras decenas de simpatizantes de ANC y Omnium se congregaban en el exterior al grito de «Votaremos, votaremos».

Poco después, Carles Puigdemont comparecía ante la prensa. Le acompañaban todos los consejeros autonómicos del Gobierno catalán. En la galería gótica del Palau de la Generalitat, declaró:

«El Gobierno catalán ha sido objeto de una agresión por parte del Gobierno para impedir que el pueblo catalán se pueda expresar. La situación es inaceptable en democracia— dijo. Y manda un mensaje a sus ciudadanos Condenamos y rechazamos la actitud totalitaria y antidemocrática del Estado español. Damos todo el apoyo y amparo a los servidores públicos detenidos. Los ciudadanos estamos convocados el 1 de octubre para defender la democracia y tenemos que dar una respuesta masiva y cívica. El día 1 saldremos de casa con una papeleta y la utilizaremos.»

Movilizaciones callejeras

Lo espontáneo había dejado de existir y con el paso de las horas la ANC y Òmnium desplegaban un escenario con megafonía sobre el que diversos cargos, entre ellos Jordi Sánchez se dirigían a los manifestantes, mientras sus voluntarios, con petos de color verde hacían un cordón ante la puerta de la Consellería de Economía, «para evitar que la Guardia Civil se llevara a los detenidos» en aquella jornada. «Los manifestantes gritaron a los Mossos *no us mereixeu la senyera que porteu*» [«no merecéis la senyera que lleváis»], amenazando a la Guardia Civil al grito de «*no sortireu [no saldréis]*».

Las decenas de personas que se habían concentrado a primera hora de la mañana en la sede de Economía de la Generalitat, en la esquina con Rambla de Catalunya, se contaban por la tarde por miles, sobre todo después de que Òmnium y la

ANC llamaran a concentrar en ese punto las protestas contra las detenciones y los registros contra el referéndum del 1-O.

Políticos como el portavoz adjunto del grupo de ERC en el Congreso, Gabriel Rufián, la expresidenta de la Generalitat, Núria de Gispert, el exportavoz de ERC en el Congreso, Alfred Bosch, y la presidenta de la AMI, Neus Lloveras, se acercaban a la congregación y recibían cánticos de apoyo: «Estamos con vosotros».

La concentración se alargó y en el exterior de la Conselleria de Economía los manifestantes continuaron congregados más allá de las 23.30 horas de la noche, cuando las entidades independentistas dieron por terminada la movilización. Una hora y media después de que la ANC y Òmnium desconvocaran la protesta, los Mossos d'Esquadra cargaron contra los concentrados que todavía quedaban en la rambla de Catalunya. Tras dos avisos por megafonía, la policía arremetió contra los congregados, con cargas y empujones en la zona alta de Rambla de Catalunya contra las personas que todavía secundaban la protesta, la mayoría de ellas con las manos alzadas.

A las 00.13 horas del jueves, el presidente de Òmnium Cultural, Jordi Cuixart, pidió que la movilización no se detuviera. Lo que motivaría una denuncia de la Fiscalía dos días después. «Subido a un coche de la Guardia Civil con Jordi Sánchez llamaron a la «movilización permanente» a favor del referéndum y en contra de las actuaciones para impedirlo». Posteriormente, «y vista la situación provocada pidieron a los manifestantes que se disolvieran sin poder controlar la concentración».

Poco antes de las 2 de la madrugada, una ambulancia se llevó a una persona que resultó herida durante el forcejeo con los antidisturbios y a las 3.20 quedó despejada la acera central de la Rambla de Catalunya frente a la puerta de la Conselleria de Economía, y el centenar de concentrados se fue quedando en unos 20 sobre las 6 de la mañana.

En este punto, los guardias civiles salieron para comprobar el estado de los cuatro vehículos logotipados de Guardia Civil. Al constatar que no podían irse en ellos por tener ruedas pinchadas y los vidrios con pegatinas, dieron aviso para que se los llevara la grúa, que retiró los tres vehículo hacia las 6.40 horas.

Al día siguiente, las protestas continuaban mientras el Tribunal Constitucional admitía el recurso del Gobierno contra la Ley de transitoriedad jurídica y fundacional de la república y multaba con 12.000 euros diarios a los cinco miembros titulares y a los dos suplentes de la Sindicatura Electoral catalana, el órgano que pretendía suplantar a la Junta Electoral para llevar a efecto el referéndum ilegal de autodeterminación del 1 de octubre, suspendido por el alto tribunal, mientras no disolvieran el organismo.

22 de septiembre
Audiencia Nacional

La Fiscalía General del Estado presentaba ese viernes una denuncia en la Audiencia Nacional por sedición por los altercados producidos en Barcelona en las protestas contra la Operación Anubis.

La denuncia recuerda que en la noche del miércoles, «individuos que no han podido ser identificados, aprovechando la situación, pues ya se encontraban unas 2.000 personas, pincharon las ruedas de diversos coches patrulla de la Guardia Civil que estaban aparcadas frente a la Conselleria de Economia, a fin de impedir su legítima actuación».

«Ante la situación de extrema tensión», recoge el escrito, el Juzgado de Instrucción n.º 13 se puso en contacto con el mayor de los Mossos, Josep Lluís Trapero, «para ordenarle expresamente que activara el dispositivo de seguridad para permitir la salida de la Comisión Judicial, formada por los agentes y la Letrada de la Administración de Justicia». Esta «tuvo que salir ya de madrugada a través de la azotea del edificio, al impedir los manifestantes su salida por la puerta».

En el exterior, tres vehículos oficiales de la Guardia Civil «fueron atacados por la muchedumbre, obligando a los agentes a refugiarse en el edificio de Hacienda. La turba destrozó los tres vehículos oficiales», afirma la denuncia, redactada por el teniente fiscal de la Audiencia Nacional, Miguel Ángel Carballo.

También se relata en el escrito que una sede del PSC fue atacada esa noche y que los agentes de la Policía Nacional tuvieron que realizar «disparos» para poder salir de la sede del partido antisistema CUP en Barcelona en la tarde del miércoles.

«Se hace necesario adoptar las medidas necesarias para investigar quienes son las personas que han inducido, sostenido o dirigido estas actuaciones, o la existencia de un concierto de voluntades entre personas o entidades, públicas o privadas, que con sus actos hayan impulsado movilizaciones generalizadas o movimientos populares para imponer el referéndum independentista», señalaba la denuncia

Juzgados de Barcelona

Mientras el titular del juzgado de instrucción número 13 de Barcelona dejaba en libertad a todos los detenidos por su implicación en los preparativos del referéndum del 1-0, todos ellos están acusados de los delitos de malversación, desobediencia y prevaricación.

El propio Oriol Junqueras fue a las puertas de la Ciutat de la Justicia para darles su apoyo por su implicación en el 1-O.

23 de septiembre
Fiscalía de Cataluña

«Es un hecho inaceptable», protestó ese sábado el consejero de Interior, Joaquim Forn.

Lo hizo después de que la Fiscalía Superior de Cataluña dispusiese que el coronel Diego Pérez de los Cobos fuese el «director técnico» que coordinase a los Mossos y al resto de cuerpos policiales en los dispositivos para evitar el referéndum ilegal del 1 de octubre. La orden de que el coronel —número tres de la Secretaría de Estado de Seguridad y responsable del despliegue de cientos de policías y guardias civiles en Cataluña en las últimas semanas— coordine a todas las policías se trasladó en una reunión ese sábado a mediodía en la sede de la Fiscalía Superior catalana. El jefe de los Mossos, Josep Lluís Trapero, consideró que la instrucción invadía las competencias de la policía catalana, y sostuvo que la voluntad era apartarles del operativo, según fuentes asistentes a la reunión. El coronel de la Guardia Civil defendió que solo perseguían ayudar, en un contexto muy complicado, como apoyo a los Mossos.

Trapero nunca se negó a cumplir con la instrucción, tal y como dijo después el consejero del Interior, Joaquim Forn, en una comparecencia pública. El mayor de los Mossos mostró resistencias, pero insistió en su acatamiento a la fiscalía, como siempre había hecho en su vida. De él muchos han manifestado su carácter severo, pero nadie puede decir que Trapero no fuese un fiel seguidor de la legalidad. También anunció que elevaría a sus superiores la orden y que, a su vez, la trasladaría a los servicios jurídicos de la Generalitat.

Además, el fiscal jefe de Cataluña, José María Romero de Tejada, le ordenó en la reunión que, en coordinación con Guardia Civil y Policía Nacional, le presente el próximo miércoles, como plazo máximo, un plan de actuación para evitar el referéndum, detallando cada cuerpo policial su número de efectivos, posibles escenarios conflictivos en las provincias y municipios catalanes y cómo se actuará policialmente.

LAS URNAS

En aquellos días fueron muchos los periodistas que me llamaron para saber si yo conocía dónde estaban las urnas. Todos decían lo mismo: las urnas están en un consulado, están en Bruselas o en una nave de un gran empresario amigo del independentismo. Pero en realidad nadie, salvo algunos consellers, los dirigentes de la ANC y Ómnium Cultural, y algunos miembros de la CUP sabían dónde estaban las urnas.

¿Dónde estaban, cómo se trajeron a Cataluña y quién daba las órdenes?

24 de septiembre
Plaza Universidad
Barcelona

La ANC y Òmnium Cultural repartían en Barcelona «un millón de papeletas oficiales» para el referéndum del 1 de octubre, mientras en otros puntos de Barcelona las entidades soberanistas distribuían otras 900.000 papeletas con la pregunta oficial del referéndum: «¿Quiere que Cataluña sea un Estado independiente en forma de república?»

Cuixart aseguraba que «urnas, pancartas y carteles» se han convertido en «el arma más peligrosa» del independentismo y llamó a los catalanes a la «movilización social permanente».

El presidente de la ANC, Jordi Sánchez, explicó que el Govern «seguro que garantizará» la presencia de papeletas en los colegios electorales previstos para el referéndum que quiere celebrar el 1 de octubre, pero de todas formas los ciudadanos ya las pueden «traer desde casa».

25 de septiembre
Delegación del Gobierno de Catalunya

Esa mañana estaban citados los mandos policiales para reunirse con Diego López de los Cobos y coordinar la seguridad del evento. Sin embargo, Trapero decidió mandar a su número dos, Ferran López, responsable de las unidades territoriales de la policía catalana. El resto de cuerpos mandaron a sus primeras espadas: el comisario de la policía Sebastián Trapote y el general de la Guardia Civil Ángel Gozalo.

El objetivo de la reunión era que se cumpliesen las órdenes que dio la fiscalía «con la mayor normalidad posible» y «sin ningún tipo de perjuicio para los ciudadanos». ¿Recuerdan que el 13 de septiembre el ministerio público había encomendado a los tres cuerpos que retirasen urnas, papeletas y cualquier otro material, y que realizasen todas aquellas gestiones necesarias para impedir el referéndum? Pues bien, en esa reunión posterior, el ministerio afeó a la policía catalana haberse «puesto de perfil» ante los preparativos de la consulta.

Pero esa mañana, según fuentes policiales, en un acto claramente de pacificación de la situación con la policía catalana, Pérez de los Cobos propuso que las reuniones fuesen rotativas y presentó su propuesta a la policía catalana para ayudar con medios y personal a los Mossos para encarar esta semana crítica ante la celebración del referéndum. También se analizó por separado cada uno de los dispositivos de seguridad preparados por los tres cuerpos policiales. La intención era «unir esfuerzos» y «reducir los riesgos» en la coordinación.

26 de septiembre

El Gobierno central no quería que el 1 de octubre se votase y, por eso, la Fiscalía Superior de Cataluña ordenaba a los Mossos que precintasen, antes del sábado, las escuelas y centros cívicos que, previsiblemente, servirían para votar el domingo.

Ese mismo día, con discreción, vestidos de paisano, los agentes hacían entrega de un acta donde se solicitaba diversa información a los centros de votación: los datos del centro, del responsable del mismo, si ha recibido alguna comunicación por parte de Educación para ceder el local. En caso afirmativo, debían especificar el nombre de la persona que se lo comunicó y qué instrucciones le habían dado. Si había sido por escrito, pedían que se entregase el documento, así como cualquier otro material de la consulta (papeletas, listas de votantes, ordenadores, urnas...).

Al día siguiente, el Tribunal Superior de Justicia de Cataluña (TSJC) asumía la investigación del referéndum del 1 de octubre y ordenaba a la Fiscalía que paralizase sus actuaciones. La magistrada Mercedes Armas dirigiría el operativo bajo control judicial y en un auto avaló que un cargo de la Secretaría de Estado de Seguridad —el coronel de la Guardia Civil Diego Pérez de los Cobos— asumiese, como había ordenado la Fiscalía, la coordinación del dispositivo sobre el referéndum. La jueza recuerda que la ley de fuerzas y cuerpos de seguridad establece que, en determinados casos, la Secretaría de Estado debe ejercer «una función de coordinación y supervisión» de los cuerpos policiales.

La causa abierta por el TSJC partió de una querella de la Fiscalía contra el presidente de la Generalitat, Carles Puigdemont; el vicepresidente, Oriol Junqueras, y todos los consejeros del Gobierno catalán por firmar el decreto de convocatoria del referéndum del 1 de octubre. El tribunal admitió a trámite la querella por los delitos de desobediencia, prevaricación y malversación.

29 de septiembre

No se sabía que las urnas ya estaban compradas y que existía un operativo para hacerlas llegar a los colegios electorales. Con posterioridad, he sabido que esa mañana un conseller de la Generalitat tomó el teléfono y envió diversos mensajes de Telegram a sus más allegados: «necesito verte».

Por la tarde se reunía con ellos individualmente y les comunicaba:

«Puedes decirme que no y lo entenderé. Pero si aceptas lo que te voy a pedir no se lo puedes explicar ni a tu mujer.»

Mi confidente me informa que él aceptó y que al día siguiente se dirigía en su coche a Perpignan (Francia), donde iba a pasar la mañana hasta que su contacto le dijese dónde tenía que recoger las urnas que se iban a utilizar el 1 de octubre. Se habían fabricado en china en la empresa *Smart Dragon Ballot Expert* y las entidades soberanistas las habían comprado a través de Internet. Pero hasta ese día nadie conocía su ubicación exacta.

30 de septiembre

A las 17:10 mi contacto recibió una llamada a través de Signal: «Elna, Imprenta Salvador.»

Sin pensarlo arrancó el coche y condujo los doce kilómetros que le separaban del pequeño pueblo francés de 6000 habitantes. Callejeó y paró frente una nave anodina y gris donde esperó un nuevo Telegram: «Está despejado. Podéis pasar».

Descendió del vehículo y en la puerta le esperaba un hombre de unos cuarenta años que le dio un bloque de cubos de plástico, encajados uno sobre el otro, que situó en la parte trasera del coche. «Eran cubos inocuos», me dice. Pero mi conocido sintió un sudor frío pensando que cuando llegase a España lo iban a detener.

Mi contacto se cruzó con otros coches con caras conocidas. Esos otros llevaban urnas o cajas de cartón que alojaban en cada una 50.000 papeleta de voto. Y para que el movimiento de coches no levantase sospechas esos días se había organizado frente al Consulado Español en Perpignan una pequeña manifestación de esteladas, señeras y otros símbolos catalanes que cantaban «L'Estaca». Un cartel en la fachada lanza una dura acusación: «Rajoy, fascista. Macron, cómplice».

En cuanto cruzó la frontera se dirigió a un pueblo de Girona donde le esperaba un coordinador del referéndum que le indicó el piso de un vecino encargado de guardarlas hasta la mañana del 1 de octubre.

La votación

El Ministerio de Fomento ordenaba cerrar el espacio aéreo sobre la ciudad de Barcelona a avionetas y helicópteros cuando las urnas iban a aparecer por arte de magia. El independentismo había ganado esa batalla al Estado.

Sin embargo, la titular del Juzgado Central de Instrucción número 3, Carmen Lamela, admitía la denuncia por delito de sedición que la fiscalía había presentado el viernes anterior por los hechos ocurridos en Barcelona durante los pasados 20 y 21 de septiembre. ¿Recuerdan los altercados? Pues bien, la magistrada acordaba librar un oficio a la Guardia Civil para que elaborase el atestado sobre aquellos sucesos, entre los que destaca los daños a los vehículos oficiales del instituto armado y a la sede del PSC, la agresión a militantes socialistas y el asedio que sufrieron los agentes que registraron la sede del departamento de Economía, entre otros.

Los Jordis ya tenían un pie en prisión.

1 de octubre

Eran las cinco de la mañana y sólo quedaba una hora para que los Mossos d'Escuadra iniciasen el desalojo de los colegios electorales. Sin embargo, la gente estaba movilizaba y empezaba a llegar a los colegios electorales. Comenzaba la cuenta atrás.

A las 6:20 aparecieron los primeros coches de policía que comprobaban que no había urnas y se marchaban. Yo había advertido a mi entorno que era preferible no salir a la calle. Preví que entre la tensión de los policías hacinados en barcos y los mensajes contradictorios de unos y otros, la situación se podía tornar violenta.

Y no me equivoqué.

Cuando empezaba a clarear el día llegaron en bolsas de plástico mientras la gente gritaba ¡votarem! y aplaudía. Pero la situación estalló a las ocho y media de la mañana, cuando efectivos de la Policía Nacional procedieron al desalojo de colegios electorales en Barcelona y las principales ciudades. La Guardia Civil hizo lo propio en municipios más pequeños. En total fueron cerrados 319 colegios, según datos de la Generalitat.

Los votantes se arremolinaban y la policía empezaba a cargar contra la población provocando disturbios y mucho dolor. Grupos de activistas montaban barricadas para obstaculizar que la policía se incautara de las urnas y el material electoral. En algunos casos, las urnas volvieron a aparecer tras los registros y la gente hacía cola para votar.

Pese a todo, a las 9:00 horas centenares de colegios electorales abrieron en toda Cataluña en un acto de desafío al Gobierno. Miles de personas siguieron acudiendo a los centros de voto. El Govern también lo alentó durante todo el día pese a las cargas policiales que se sucedían en toda Cataluña.

El consejero de Presidencia, Jordi Turull, fue la cara más visible del Govern durante toda la jornada. Tras las cargas policiales y los cierres de colegios electorales subrayó en una comparecencia sin preguntas que España es «la vergüenza de Europa» y que el país está en una «situación comprometida», pues auguró que «tendrá que acabar respondiendo delante de los tribunales internacionales». Puigdemont denunció en un vídeo, tras votar en un colegio alternativo, la «represión enloquecida con violencia injustificable contra gente pacíficamente concentrada» en los colegios electorales. «El Estado español, en una nueva operación de represión contra la población que quiere ejercer su derecho a votar, no ha impedido que mucha gente haya estado votando», señaló.

También el Gobierno central vivió la jornada en un clima de máxima tensión. Intentó transmitir la imagen de control de la situación, pero sin lograr esconder señales de gran preocupación. La comparecencia de la vicepresidenta del Gobierno a mediodía buscaba responsabilizar a Puigdemont de lo que estaba ocurriendo en el terreno del orden público. Rajoy no compareció hasta las ocho y cuarto de la noche, cuando muchos colegios seguían recibiendo electores. El presidente del Gobierno quiso insistir en la idea de que en Cataluña no hubo un referéndum sino una «mera escenificación».

«Se ha demostrado que el Estado tiene recursos para defenderse», dijo y anunció que comparecería en el Congreso de los Diputados.

También informó de una ronda de contactos con «todos» los partidos con representación parlamentaria. Esa misma jornada Pedro Sánchez, manifestaba:

«Con la misma contundencia que apoyamos el Estado de derecho pedimos al presidente del Gobierno que cumpla con su función.»

La reacción en la calle tuvo su réplica también en los sindicatos. La amenaza de una huelga general en Cataluña subió de nivel con las escenas de utilización de fuerza policial que se sucedieron durante buena parte de esa jornada en la que Mariano Rajoy se jugó ese día el prestigio de las Fuerzas y Cuerpos de Seguridad.

Los resultados del referéndum en Catalunya depararon, con una consulta trufada de irregularidades, una rotunda victoria del «sí» a la independencia. Según el escrutinio oficial, el 1 de octubre del 2017 votaron 2.286.217 personas (una participación del 43% del censo). El «sí» obtuvo 2.044.038 votos

(90,2% del voto válido), por 177.547 del «no» (7,8%) y 44.913 en blanco (2%). También hubo 19.719 votos nulos. Ese clamoroso éxito iba a deparar demasiadas consecuencias con un Govern crecido y, ahora sí, creyéndose su propio discurso. Al día siguiente Puigdemont se presentaba ante los medios de comunicación como un ganador.

El Gobierno central se había equivocado y las imágenes de las cargas policiales les daban alas a los secesionistas que, aún, no se habían enterado que la Operación Cataluña y la Operación Diálogo habían dejado de existir. Ellos querían sacar de Cataluña a las fuerzas y cuerpos de seguridad del Estado sin darse cuenta de que ya estaba en marcha la reacción del Estado.

Hotel Vila de Calella

«No sois bienvenidos», les gritaron esa noche a los guardias civiles alojados en ese hotel.

Unos 12 policías salieron del hotel y se plantaron frente a los manifestantes con los brazos cruzados. Ante el cariz que tomaba la situación, una pareja de Mossos llegó y pidió a los agentes que entraran en el hotel para no encrespar aún más los ánimos.

Al día siguiente, los 150 antidisturbios de la Guardia Civil destinados en el hotel Vila de Calella (Barcelona) abandonaban el pueblo después de que la empresa Eco-Resort, propietaria del establecimiento, les instase a marcharse.

2 de octubre

Ese lunes leí la prensa a primera hora de la mañana. Desde Madrid, *El País* destacaba: «El Gobierno impide por la fuerza el referéndum ilegal. Puigdemont da por ganada la consulta y anuncia que habrá una declaración unilateral de independencia de Cataluña en los próximos días». *El Mundo* indicaba «Puigdemont proclamará la independencia en días». En Barcelona, sin embargo, *La Vanguardia* hablaba de «represión» y titulaba «El Gobierno reprime el 1-O. Las cargas de la Policía y la Guardia Civil causan 844 heridos, dos de ellos graves. Los Mossos evitan el choque y se escudan en la orden judicial recibida»; «Puigdemont planteará la DUI en el Parlament en unos días».

Tomé el coche y mientras conducía hacia mi oficina escuché en RNE al presidente de Ciudadanos, Albert Rivera, criticando el «triunfalismo» de Rajoy, al que le exigía que «no se instale en la pasividad» y «actúe» para evitar una posible declaración unilateral de independencia en Cataluña. Rivera recalcó que para evitarla está la Constitución y la Ley de Seguridad Ciudadana y que le «da igual» que se utilice el artículo 155, de suspensión de la autonomía, o cualquier otro. «Me valen todos», recalcó.

Minutos más tarde entraba en mi despacho inquieto. Conozco bien el triunfalismo de los ilusos e intuía que las cargas policiales del día anterior suponían certificar el mantra que desde hace años recorría la ciudad: no existe democracia en España. Era el tema del día y un clamor popular. Mucha gente, alejada de las ideas independentistas, empezaba a creerse el triunfalismo nacionalista y criticaban abiertamente la política de Mariano Rajoy.

Pasé la mañana con diversas investigaciones y ya hacia el mediodía, supe que mis creencias eran acertadas. Sobre todo, cuando me informaron que Puigdemont había solicitado a la Unión Europea que «apadrine» una mediación entre el Gobierno catalán y el central para encontrar una solución al contencioso político entre Cataluña y el Estado. Incluso se había atrevido a exigir la «retirada de todos los efectivos policiales» destinados estos días a Cataluña por el Estado para impedir la celebración del 1-O y manifestó que «ayer fue un día muy duro, el más duro de los últimos 40 años». Aparentemente, quería entenderse con el Estado español, pero sobre la base de «la voluntad de la gente» de Cataluña tras lo expresado en el referéndum. No se daba cuenta que nadie puede hacer una modificación legal desde la ilegalidad.

Sin embargo, lo único que había conseguido era internacionalizar el conflicto y el Estado no se lo iba a permitir.

Al fin, el Rey

Palacio de la Moncloa

A las 18:54 se sentaban a charlar Mariano Rajoy y Albert Rivera preocupados por el cariz internacional que estaba tomando el asunto catalán. Rajoy no tenía claro que la aplicación del 155 fuese la mejor vía para atajar el problema catalán, pero Rivera lo tenía claro y lo mantuvo frente al presidente del Gobierno:

«La única forma de atajar el golpe de Estado en Cataluña es con urnas de verdad, tras aplicar el 155.»

Un dirigente de Ciudadanos me diría días después que jamás iban a perdonar al Govern como los había ninguneado en la tramitación de la ley del referéndum y que Rivera llevaba demasiados años vaticinando que se podía llegar a ese extremo. A mí, personalmente, si me hubiesen dicho en 2014 que Cataluña podía estar cerca de la independencia con la inacción de Madrid, no me lo hubiese creído. Pero Rivera no se había equivocado.

Por eso, esa misma tarde, frente a la prensa manifestó:

«El mecanismo global para aplicar el 155 son cinco días. Cuanto antes, mejor. Es mejor que esté vigente unas horas que unas semanas —dijo para añadir—: Hemos visto imágenes desagradables que no gustan a nadie: cargas y agresiones a muchos policías. Hemos visto agresiones de todo tipo. No puedo estar orgulloso de lo que vimos ayer, ahora bien, estamos hablando de órdenes judiciales.»

Mientras la diplomacia española se afanaba en mostrar a sus socios comunitarios que la policía había actuado para atajar el problema de orden público. Pero precisamente la violencia policial fue lo que usarían los independentistas para demostrar, una vez más, la fuerza movilizadora que tenían, al tener que afrontar una doble convocatoria de huelga general de cuatro sindicatos encabezados por CGT y un nuevo formato denominado como «paro de país» organizado por CCOO, UGT y otras entidades en la nueva Taula per la Democràcia. Entre la huelga, el paro cívico y varias movilizaciones, los sindicatos, algunas patronales y entidades sociales se habían propuesto demostrar el rechazo de la sociedad catalana a la violación de derechos fundamentales.

Y lo consiguieron.

3 de octubre

Con las calles inundadas de manifestantes, con una huelga convocada por la mayor patronal de Catalunya, esto es, por la propia Generalitat por mucho que se empeñasen en decir lo contrario, los piquetes informativos de la ANC y los partidos proclives a la independencia se empezaban a creer la república catalana.

Compré la prensa en mi quiosco habitual que tenía la persiana medio bajada.

«Venderé esta primera hora y luego me voy a casa —me dijo el quiosquero—. Ya han pasado los piquetes y, aunque de forma educada, me han dado a entender que los ánimos están muy caldeados.»

La ciudad se paró y esa misma tarde, en un multitudinario acto celebrado en la Plaza de la Universidad de Barcelona, la Mesa por la Democracia leyó un manifiesto en el que detallaba que esta «paralización» había abarcado desde las escuelas, al transporte, la industria o los campesinos para defender las «libertades democráticas» en Cataluña y condenar la violencia ejercida por las fuerzas de seguridad del Estado para tratar de impedir el referéndum.

Coincidiendo con la movilización de la Mesa por la Democracia, decenas de miles de personas se manifestaron en el paseo de Gràcia de Barcelona contra la represión. Arrancó a las 18:10 desde la confluencia del paseo de Gràcia con la calle Provença, encabezada por una pancarta con el lema: «Contra la represión y en defensa de las libertades». Al llegar a las inmediaciones de la plaza Catalunya, centenares de manifestantes sentados en el suelo, levantaron las manos y gritaron «Aquestes són les nostres armes» (Estas son nuestras armas), para remarcar el carácter pacífico de la movilización.

Todo previsible. Sin embargo, pronto iban a tener la respuesta de los constitucionalistas. Y esa sí que iba a ser inesperada. Felipe VI, el Rey de España, iba a tener que lidiar con su propio 23F.

Palacio de la Zarzuela

Esa noche, vi a un rey con porte marcial y una seguridad impecable con un mensaje claro que ordenaba a los «legítimos poderes del Estado» que asegurasen «el orden constitucional» ante la situación de «extrema gravedad» en Cataluña, mientras informaba que desde hace ya tiempo «determinadas autoridades» de Cataluña han venido incumpliendo la Constitución y el Estatuto autonómico y tachó su comportamiento de «deslealtad inadmisible» y «conducta irresponsable».

Elevé el volumen del televisor para acallar la cacerolada que inundaba mi barrio y cerré la ventana justo en el momento que decía:

«Esas autoridades, de una manera clara y rotunda, se han situado totalmente al margen del derecho y de la democracia (...) han quebrantado los principios democráticos de todo Estado de derecho y han socavado la armonía y la convivencia en la propia sociedad catalana, llegando, desgraciadamente, a dividirla». Hoy la sociedad catalana está fracturada y enfrentada.»

Y como por arte de magia los golpes de cacerola se silenciaron cuando subrayaba:

«Esas autoridades han menospreciado los afectos y los sentimientos de solidaridad que han unido y unirán al conjunto de los españoles» y que «con su conducta irresponsable incluso pueden poner en riesgo la estabilidad económica y social de Cataluña y de toda España».

En esos momentos asumí que el 155 ya estaba decidido mientras la Bolsa se desplomaba y el Fondo Monetario Internacional advertía de los riesgos para la economía de la tensión territorial.

No se sabe que Puigdemont había visto el mensaje real junto a su *guardia de corps* y decidió que al día siguiente le iba a dar respuesta.

Palau de la Generalitat

Con un porte deslavazado y de pie, Puigdemont se enfrentaba al Rey por no haber apelado al diálogo y la concordia:

«Así, no. Con su decisión de ayer usted decepcionó a mucha gente en Cataluña, que le aprecia y que le ha ayudado en momentos difíciles de la institución.»

El president consideraba que el discurso de Felipe VI había sido solo para una parte de la población y que «hace suyo el discurso y las políticas del Gobierno de Rajoy que han sido catastróficas en relación a Cataluña». Por eso advirtió:

«Ignora deliberadamente a los millones de catalanes que no pensamos como ellos y a los catalanes que han sido víctimas de la violencia policial.

A los suyos les había dicho que el Rey había perdido una oportunidad de dirigirse a todos los ciudadanos como debería hacer por el papel que le da la Constitución, que además «le otorga un papel moderador que en ningún caso ha tenido y que ayer declinó».

Palacio de la Moncloa

Esa misma noche Puigdemont recibía la pelota de ping pong de boca de Sáenz de Santamaría a la que, como a muchos de nosotros, le había producido «sonrojo» que Puigdemont le recordara al Rey sus obligaciones constitucionales cuando, a su entender, la situación ha llegado a la situación actual precisamente porque «él ha olvidado las suyas».

«Puigdemont ha demostrado que no sólo es un dirigente que está en contra de la ley, sino que está absolutamente fuera de la realidad», subrayó a los medios de comunicación.

Solo hacía unos meses que la Operación Diálogo se había desechado y el Estado empezaba a ganarle el pulso, de verdad, a los independentistas. Porque no se sabe que aquella noche fueron muchos los que indicaron a los miembros del Govern que el camino hacia la independencia se había acabado.

6 de octubre

Serio y de uniforme policial, llegaba a la Audiencia Nacional el mayor de los Mossos d'Esquadra Josep Lluís Trapero para contestar a la juez por su actuación durante las masivas concentraciones del 20 y 21 de septiembre frente a la Conselleria de

Economia, precisamente cuando la Guardia Civil y las autoridades judiciales llevaban a cabo una investigación en el interior sobre los preparativos del 1-O

Poco después declaraba durante una hora y en castellano ante la juez Lamela:

«Si hubiésemos podido planificar, hubiese sido mejor, sí, porque hubiésemos tenido la comunicación el día antes, hubiese habido más espacio, los vehículos no habrían estado allí y todo habría sido más fácil. Pero irse de las manos no haría justicia a la situación que hubo», dijo al fiscal con convicción.

El entonces líder de los Mossos negó en esa declaración que se produjera ningún tipo de violencia, sino «resistencia», aunque admitió momentos de tensión, «empujones», un lanzamiento de botella de plástico y daños a los coches de la Guardia Civil (ruedas pinchadas).

«Se podría haber avanzado con cargas policiales, pero en aquel momento no se consideró oportuno», manifestó.

Preguntado sobre quiénes estaban detrás de las concentraciones, aseguró que las entidades independentistas ANC y Òmnium Cultural, Jordi Sánchez y Jordi Cuixart movilizaron a «una parte» de la población, pero no a todos los allí congregados.

«Pienso que allí hay organizaciones como ANC y Òmnium Cultural que probablemente estaban detrás de una parte de la gente, pero luego otra lo hizo a nivel individual.»

Poco después declaraban Jordi Sánchez y Jordi Cuixart, los dirigentes de la ANC y Ómnium, que se negaron a contestar a las preguntas del Ministerio Fiscal, que, finalmente, solicitó que la juez les citase diez días después ya que había recibido nuevas pruebas.

Ni ellos ni sus abogados sabían que la Guardia Civil acababa de facilitar al Ministerio Fiscal un atestado de 300 páginas que incluía la descripción de los actos que se produjeron en días «anteriores y posteriores» al 20 de septiembre, hasta el 1-O, fecha de celebración del referéndum ilegal.

Tampoco intuían que aquél documento los iba a enviar a prisión.

8 de octubre

Esa mañana muchos necesitábamos demostrar que queríamos una España unida. Por eso compré una bandera española y salí, junto a Marion, a disfrutar de mi nueva libertad por las calles de Barcelona. Me habían dicho que la organización preveía que cien o dos cientos mil personas iban a asistir a la manifestación, pero cuando descendía por la calle Balmes asumí que la marea humana que me fagocitaba desbordaba cualquier previsión.

La cabecera partió oficialmente a las doce de la plaza de Urquinaona, pero eran las once y el centro de la ciudad ya estaba atestado de gente portando banderas españolas, con mástiles o a modo de capa como yo, y también muchas senyeras. Parecía una fiesta y la gente estaba emocionada de poder manifestarse español en Cataluña.

Al primero que me encontré fue a un abogado mercantilista que me abrazó fraternalmente. Él también iba con su mujer y se le notaba contento.

«Hoy es el día de los que nos sentimos españoles en Cataluña», me dijo mientras a nuestro alrededor empezaban los cánticos.

«¿Dónde está la alcaldesa?», gritaban unos, con pancartas de «Artículo 155 ya!». «La unidad de España no se vota ni se negocia: se defiende», rezaba otra. La gente cantaba: «No somos fachas, somos españoles» o «Luego dirán que somos cinco o seis».

En la Gran Vía me encontré al primer grupo de amigos y un juez me dijo:

«La gente grita que Puigdemont debe ir a la cárcel. Pero yo creo que aquí el derecho penal no sirve para nada. Hay que imponerles medidas para que en su vida se puedan volver a acercar a una urna. Pero nada de cárcel.»

Más adelante me saludé con empresarios, profesores de derecho, catedráticos y abogados. Todos con una sonrisa en el rostro. También con amigos de la infancia y policías. Todos pacíficos y todos orgullosos de ser españoles.

Fue todo un éxito y ya por la noche me enteré de que la organización calculó que habíamos salido a la calle casi un millón de personas. Pensé que aquella manifestación cambiaría muchas cosas y cuando, al día siguiente, las empresas catalanas empezaron a cambiar su sede social y a marcharse de nuestra tierra supe que aquel golpe de timón de la mayoría españolista silenciosa les había hecho pensar que la ciudadanía entendería su decisión.

Pero, políticamente, la cuestión empeoraba, más cuando se supo que Puigdemont preparaba una Declaración Unilateral de Independencia.

Declaración unilateral de independencia fallida

10 de octubre

Ese día el teléfono del conseller de Empresa Santi Vila sonó a primera hora de la mañana. Llevaba unos días intentando mediar con el Gobierno de Mariano Rajoy mientras advertía a sus compañeros en el Govern y a su amigo Carles Puigdemont que no podían seguir por ese camino.

«Una declaración unilateral de independencia (DUI) supondrá la aplicación del 155 y nuestra detención», le dijo.

Lo tenía claro, más desde la respuesta policial del 1 de octubre y de la masa ingente de gente que habíamos salido a manifestarnos pocos días antes.

Mientras tanto, los Mossos d'Esquadra cerraban el parque de la Ciudadela, donde se ubica el Parlament de Catalunya, conscientes de los disturbios que se podrían producir si esa tarde Puigdemont declaraba la independencia.

No se sabe que los miembros del PdeCat se preguntaban unos a otros, a través de WhatsApp, si esa tarde se iba a declarar la DUI. Nadie sabía con certeza qué iba a hacer Puigdemont.

Palau de la Generalitat

Mientras Carles Puigdemont se reunía con el Govern en pleno, Jordi Sánchez, el líder de ANC, anunciaba en Telecinco que «hay mucha ilusión contenida» y que están seguros de que «Puigdemont dará dignidad a los más de dos millones que votaron sí a la independencia el 1-O y que tenderá la mano al diálogo». También en Madrid el Gobierno anunciaba una comparecencia parlamentaria de Mariano Rajoy y sus ministros se afanaban en declarar que el Gobierno actuaría con contundencia si Puigdemont declaraba la independencia.

A cara de perro y tras mucho debate y discusiones internas, los consellers acordaron que tenían que declarar la independencia para tranquilizar a los suyos, pero Puigdemont ya no estaba seguro de nada. No se sabe que la noche antes había hablado con Miguel Iceta y éste le había advertido que el PSOE apoyaría la aplicación del artículo 155 si declaraba la independencia. Pero los sectores más radicales del PDeCAT, Esquerra y la CUP insistían en una DUI que estaría avalada por el triunfo del sí en el referéndum ilegal del pasado 1-O.

La reunión se alargaba y los miembros de ERC dejaban clara su posición: «o hay DUI o no os apoyaremos».

Con todas esas dudas, a las 13 horas, el conseller de Presidencia y portavoz del ejecutivo catalán, Jordi Turull manifestaba:

«El presidente será muy claro esta tarde en el Parlament».

Tenían todo preparado para que en el Pleno de las 18 horas se declarase la independencia unilateral de Cataluña. No esperaban que la diplomacia española había hecho muy bien su trabajo y una advertencia iba a llegar desde Europa y que modificaría su hoja de ruta.

Consejo Europeo
Sesión Plenaria del Comité de las Regiones

«Son tiempos extraordinarios para Cataluña y España. Por eso, permítanme enviar un mensaje al presidente de la Generalitat de Cataluña, el señor Carles Puigdemont, poco antes de su discurso. Lo hago no sólo como presidente del Consejo Europeo, sino también como firme creyente en la UE, en la unión en la diversidad, como miembro de una minoría étnica y un regionalista, como un hombre que sabe lo que es ser golpeando por las porras de la Policía. Como alguien que entiende los argumentos y emociones de los dos lados. Hace unos días le pedí a Mariano Rajoy que buscara soluciones sin el uso de la fuerza. Que buscara diálogo, porque la fuerza de los argumentos es mejor que los argumentos de la fuerza. Hoy, le pido a Carles Puigdemont que respete en sus intenciones el orden constitucional y que no anuncie una decisión que haga imposible el diálogo», dijo Donald Tusk entre aplausos, mientras Puigdemont lo veía en televisión.

Cuatro minutos antes de las 17 horas, el president de la Generalitat abandonaba el Palau camino del Parlament.

Parlament de Catalunya
19:37 horas

Con una hora y media de retraso, Puigdemont declaraba la independencia de Catalunya:

«El sí a la independencia ha ganado unas elecciones por mayoría absoluta y ha ganado un referéndum a porrazos. Hay un antes y un después del 1-O. Llegados a este punto presento los resultados del referéndum y asumo el mandato del pueblo para que Cataluña se convierta en un Estado independiente en forma de república.»

En el exterior los independentistas se volvían locos de alegría. Al fin habían conseguido lo que querían. Mientras el resto conteníamos la respiración.

Supe que las disensiones internas y el mensaje europeo había tenido efecto cuando Puigdemont puso el freno y anunció que suspendía los «efectos» de esa declaración no explicitada para emprender un diálogo y llegar a una solución acordada». Pero como necesitaban contentar a la CUP habían ideado una declaración de independencia informal mucho más explícita que firmaron todos los diputados de Junts pel Sí y la CUP después del pleno. En un papel encabezado únicamente por un escudo de la Generalitat el lema «Declaración de los representantes de Cataluña», el texto asegura que se «constituye la república catalana, como Estado independiente y soberano, de derecho, democrático y social».

En cambio, apela a «los Estados y a las organizaciones internacionales a reconocer la república» y dispone «la entrada en vigor de la Ley de transitoriedad jurídica y fundacional de la república».

Pero la CUP ya llamaba traidor a Puigdemont.

Palacio de la Moncloa

Las conversaciones entre Moncloa, Rivera y Pedro Sánchez se sucedían. El 155 ya no tenía marcha atrás.

El más claro fue Albert Rivera que exigió que se activasen los mecanismos constitucionales que permitían convocar elecciones en Cataluña y evitar así el «chantaje» y el «ultimátum» de Puigdemont. Los suyos hablaban de «golpe de Estado» y transmitían a Madrid que el president estaba muy debilitado tras la manifestación del 8 de octubre, la actitud de las empresas y de la comunidad internacional.

Sánchez, por su parte, pedía serenidad y confiaba que Miquel Iceta consiguiese que Puigdemont aceptase adelantar las elecciones *motu proprio* sin tener que aplicar el 155. Rajoy y su partido confiaban en la moderación de Santi Vila.

A las 22:30 Soraya Sáenz de Santamaría comparecía muy seria frente a los medios de comunicación:

«El discurso que ha hecho hoy el president de la Generalitat es el discurso de una persona que no sabe dónde está, ni adónde va, ni con quién. El Gobierno no puede aceptar que se dé validez a la ley catalana del referéndum porque está suspendida por el Tribunal Constitucional.»

A partir de ahí desestimó de plano la reivindicación de éste de una mediación.

«Ni el señor Puigdemont ni nadie puede pretender, sin volver a la legalidad y la democracia, imponer una mediación», aseveró mientras anunciaba para la mañana siguiente un consejo de Ministros extraordinario.

Al día siguiente Puigdemont recibía una carta de Mariano Rajoy instándolo a aclarar si ese martes había declarado la independencia en el Parlament. Ese mecanismo abría la vía a aplicar el artículo 155 de la Constitución.

16 de octubre
Audiencia Nacional

Con una sonrisa en el rostro y con cara de orgullo llegaron a la Audiencia Nacional Jordi Sánchez y Jordi Cuixart. Horas después la juez de la Audiencia Nacional los enviaba a prisión sin fianza al sostener que los hechos del 20 y 21 de septiembre «no constituyeron una protesta ciudadana aislada, casual o convocada pacíficamente en desacuerdo con unas actuaciones policiales» ordenadas por un juez. Al contrario, estas movilizaciones «se enmarcan dentro de una compleja estrategia» con la que Cuixart y Sànchez vienen colaborando hace tiempo «en ejecución de la hoja de ruta diseñada para llegar a obtener la independencia de Cataluña».

Tres horas antes, Trapero, vestido de traje gris y corbata azul salió de la Audiencia Nacional con rostro hierático, aunque quedaba en libertad ya que la juez consideraba «no aparece todavía suficientemente perfilada (la responsabilidad) hasta el punto de poderle vincular en este momento a hechos tan graves como los que en esos días sucedieron», todo ello, «sin perjuicio de lo que pueda determinarse en una fase más avanzada de la investigación», resaltó la juez.

Palau de la Generalitat

En una carta, de cuatro páginas, el *president* pidió a Rajoy una reunión para llegar a acuerdos y que acabe la «represión contra el pueblo y el Gobierno de Cataluña». En un tono conciliador, Puigdemont insistió, en que la «prioridad» de su Gobierno es «buscar con toda la intensidad la vía de diálogo». «Queremos hablar, como lo hacen las democracias consolidadas», añade. En este sentido, apuntaba que la «suspensión» de la declaración de independencia es una muestra de la «firme voluntad de encontrar una solución y no el enfrentamiento». El presidente catalán ofrecía un plazo de dos meses para abrir «un camino de negociación», que incluya otros actores, como mediadores.

Pero la carta tampoco explicaba qué sucedería si transcurrido este periodo el Ejecutivo catalán no recibía muestras de voluntad de diálogo por parte de La Moncloa. Unas horas después el presidente del Gobierno también envió una misiva al president de la Generalitat y desde su Ejecutivo se pidió al president que responda con «claridad» antes del jueves «sí o no» a la pregunta de si declaró la independencia o aplicará el Artículo 155 de la Constitución.

Los independentistas no iban a esperar los dos meses anunciados.

La independencia y el 155

25 de octubre

El Palau de la Generalitat recibía esa noche a todos los consellers del Gobierno. Puigdemont los había citado esa misma tarde, junto al líder de JxSí en el Parlament, Lluís Corominas; la portavoz del grupo y secretaria general de ERC, Marta Rovira; la coordinadora general del PDeCAT, Marta Pascal; el número dos del partido, David Bonvehí, y el expresidente de la Generalitat Artur Mas. También acudieron representantes de entidades soberanistas como el vicepresidente de la ANC, Agustí Alcoberro; el portavoz de Òmnium, Marcel Mauri; el presidente de la Associació Catalana de Municipis (ACM) y alcalde de Premià de Mar (Barcelona), Miquel Buch, y la de la Associació de Municipis per la Independència y alcaldesa de Vilanova i la Geltrú (Barcelona), Neus Lloveras.

La dirección de Esquerra, la mayor parte del PDeCAT y las dos entidades soberanistas eran partidarias de proclamar la república al entender que ningún otro escenario evitaría que el Gobierno de Mariano Rajoy aplicase el artículo 155. Sin embargo, el consejero del PDeCAT Santi Vila mantenía que era necesario convocar elecciones.

A las dos de la madrugada abandonaban el Palau sin llegar a ningún tipo de acuerdo. Al día siguiente el Senado se reunía a las 17 horas para debatir la aplicación del artículo

155 de la Constitución. Y el Parlament, a la misma hora, celebraría un debate específico sobre «la aplicación del artículo 155 de la Constitución Española en Cataluña y sus posibles efectos». Y lo haría con JxSí y la CUP defendiendo que la mejor respuesta al Estado es declarar la independencia de Cataluña.

No se sabe que los miembros de su partido presentes en la reunión le transmitieron el mensaje que estarían a su lado, «decidiese lo que decidiese» mientras otros exigían una declaración unilateral de independencia. Pero todos coincidieron en señalar que Puigdemont era «mera piel» y que asumía que hiciese lo que hiciese lo considerarían un traidor. Más cuando le dijeron que esa misma tarde se habían reunido los fiscales de Catalunya para iniciar una querella contra él.

Santi Vila esa noche llamó a Ana Pastor para pedirle que intercediera ante Rajoy para evitar males mayores. Pero ya nada se podía hacer.

26 de octubre

La mañana se presentaba frenética. Puigdemont había citado nuevamente a los suyos a las 10 horas. Durante la noche había meditado qué hacer hasta que a las 9 horas el lehendakari Íñigo Urkullu y el socialista Miquel Iceta le hicieron llegar un mensaje del Gobierno: si renunciaba a la DUI y convocaba elecciones no se aplicaría el 155. La respuesta de Puigdemont llevaba las siguientes exigencias:

1 - Liberación de Sánchez y Cuixart.

2 - Retirada de Policía y Guardia Civil.

3 - Que se anule el 155.

4 - Que el Gobierno se comprometa a embridar a la Fiscalía General del Estado en sus actuaciones contra los dirigentes soberanistas.

La noche antes Iceta trasladó al Gobierno central, a través de Pedro Sánchez, que había acordado con Puigdemont que no declararía la DUI y que iba a convocar elecciones anticipadas. Todo parecía encauzarse y que no se aplicaría el 155. Puigdemont sólo se lo confió a Junqueras.

10 horas

A las 10:03 llegaba al Senado un burofax con las alegaciones de Puigdemont a la aplicación del 155 mientras los WhatsApp con el lehendakari e Iceta se sucedían.

No se sabe que los días previos Puigdemont y su *guardia de corps* había barajado que el president asistiese al Senado para defender su posición contraria al 155. Lo iba a hacer acompañado por cientos de alcaldes a su alrededor para evitar su detención. Finalmente desistió y coordinó su estrategia desde Barcelona.

Mientras tanto empezaban a llegar los consellers del Govern, la presidenta del Parlament, Carme Forcadell, y diputados de JxSí al Palau de la Generalitat. La mayoría de los diputados le animaron a declarar formalmente la independencia. Sin embargo, otros ya asumían la realidad y le advirtieron de los «enormes» perjuicios que podría conllevar la DUI, teniendo en cuenta la intervención del autogobierno catalán derivada de la futura aplicación del artículo 155 de la Constitución y las posibles consecuencias penales.

Sin embargo, como he dicho, Puigdemont ya había pactado con el Gobierno que iba a decretar una convocatoria de elecciones para evitar su detención y la de los miembros del Govern.

«No hay más remedio que convocar elecciones. A cambio el Gobierno no aplicará el 155.»

La mayoría de los diputados encajan con alivio la noticia. Sin embargo, otros empiezan a conspirar considerándolo un traidor.

11:18

Puigdemont informó que a las 13:30 realizaría una intervención para informar que convocaba elecciones mientras en Madrid empiezan a debatir hasta qué punto es posible asumir las exigencias de Puigdemont para no aplicar el 155. La sede del PSC se llenó de felicidad. Iceta lo había conseguido. Puigdemont le había confirmado su decisión de renunciar a la declaración de independencia y convocar elecciones. Decisión que tomaba con un «único y último fin»: preservar el autogobierno de Cataluña y las instituciones catalanas».

Mientras tanto, en los pasillos del Parlament, el diputado de la CUP Carles Riera hablaba de «deslealtad» por parte de Junts pel Sí (JxSí) y los más jóvenes del partido anticapitalista empezaron a promover movilizaciones para defender la proclamación de la república catalana. Aparecieron pancartas de «Puigdemont traidor» y la ANC y Òmnium Cultural se sumaron con la proclama de que la unión de los convocados será lo que permita que «no pasen ni vuelvan a pasar».

En esos momentos, el jefe de Gabinete de Rajoy, Jorge Moragas, y el director de la Oficina de Puigdemont, Josep Rius, contactaban mientras en la Generalitat se redactaba el discurso solemne para anunciar a las 13:30 horas la convocatoria de elecciones.

12:11

El diputado de ERC en el Congreso, Gabriel Rufián, aprovechó las redes sociales para mostrar su profundo rechazo a la estrategia del presidente Puigdemont, a quien llamó —y luego desmintió haberlo hecho— «Judas» en su cuenta de Twitter: «155 monedas de plata», en referencia al pasaje bíblico en el que se describe el pago que recibió Judas por traicionar a Jesús.

Mientras, Iceta movilizaba al PSOE para pedir que se suspendiese la aplicación del 155. Parecía que, al menos, una de las exigencias de Puigdemont se había puesto en marcha. Sin embargo, poco después todo se iba a truncar.

Tres minutos antes de que el presidente hiciese la declaración institucional Javier Arenas, Javier García Albiol y el portavoz del PP en el Senado, José Manuel Barreiro hablaron para la prensa y todo cambió.

13:27

Los dirigentes del PP se dirigían a los periodistas, tras la primera reunión de la ponencia del Senado que estudiaba las medidas del Gobierno para Cataluña, entre las que se incluía la destitución del Gobierno catalán, recortar las funciones del Parlament o asumir el control de la gestión económica y de los Mossos.

«El Senado va a seguir con los procedimientos y trabajos previstos-dijo Albiol —Más allá de las novedades que vayan ocurriendo, el Senado tiene un encargo muy concreto, que no es subjetivo.»

En este mismo sentido, Barreiro recordó que el acuerdo incluye cuatro objetivos: vuelta a la legalidad, recuperación del marco de convivencia, asegurar la recuperación económica y celebrar unas elecciones en el plazo máximo de seis meses.

Arenas, además, afirmó:

«[En Cataluña] hay un problema de restablecimiento de la legalidad constitucional y estatutaria. Por eso hablamos del 155. Tenemos que restablecer con las decisiones del Senado la legalidad constitucional y estatutaria. No sé si eso se va a producir a las 13,30 horas o no».

Y el entorno de Puigdemont le hizo ver que ni siquiera tenía garantías de que no se iba aplicar el 155 y le entró pánico escénico. Tras unos minutos de debate interno terminó volviendo al callejón sin salida al que ha conducido a Cataluña desde septiembre. Iceta fue el primero en enterarse que se echaba atrás en su compromiso. Mientras, en Moncloa, Rajoy contactó con Pedro Sánchez y Albert Rivera. Ambos le reiteraron su respaldo.

13:30

A la hora prevista para que Puigdemont anunciase que convocaba elecciones, dos diputados de JxSi, Jordi Cuminal y Albert Batalla, publicaban que renunciaban a su acta de diputado y que abandonaban el PDeCat.

Mientras, Oriol Junqueras se reunía con el president y a las 13:54 anunciaban que retrasaban la comparecencia hasta las 14:30. No se sabe que Puigdemont había dicho a los suyos que quería evitar la DUI ya que asumía que por parte del Estado habrá una «violencia extrema» contra su persona y su partido. Intuía que lo iban a detener y puso a los suyos a meditar una salida del país que pasaba por, al menos, no quedar como un traidor con los suyos. Más cuando las presiones de los partidos independentistas eran abrumadoras.

Finalmente, a las 14:19 llega la noticia de que el Tribunal Constitucional había inadmitido el recurso de amparo presentado por los senadores de ERC y del PDeCAT contra la tramitación en el Senado de las medidas previstas por el Gobierno contra la Generalitat en aplicación del artículo 155 de la Constitución.

Se empiezan a suceder convocatorias por los llamados «comités de defensa del referéndum» en la sede del PDeCat y a las 14:39 Puigdemont suspendía su declaración institucional en la que estaba previsto que anunciara elecciones anticipadas. Por su parte, Esquerra amenazó con dejar el Gobierno si se anunciaban elecciones y mientras en la sede del PDeCAT más de un centenar de jóvenes claman: «la paciencia se ha acabado», «Puigdemont reacciona, el pueblo no perdona», «los "Jordis" en prisión no quieren elecciones» y «con Govern o sin él la república se defiende».

A las 15:46 La Fiscalía de la Audiencia Nacional se opuso a la salida de prisión de Jordi Sánchez y Jordi Cuixart, tal y como habían argumentado en un escrito las defensas de los líderes de la ANC y Òmnium Cultural. En cuanto lo supo Puigdemont tomó la decisión y la comunicó a Junqueras: «Adelante, haremos la DUI. Pero yo no voy a dar la cara. Si quieres —le dijo a Junqueras— habla tú en el Parlament».

A las 16:08 Joaquim Forn, consejero de Interior, llegó al Palau de la Generalitat y se reunió con Puigdemont y Junqueras mientras Carme Forcadell convocaba a la Junta de Portavoces a las 16.45 horas para informar que Puigdemont comparecería a las 17.00 en Palau.

A las 17:02, Puigdemont anunció que mantenía la DUI y descartaba convocar elecciones. Todo se había roto.

17:15

A esa hora Soraya Sáenz de Santamaría se dirigió al Senado para recalcar la necesidad de «rescatar» a Cataluña y devolverla al marco de la legalidad. Insistió en que la «obligación» es «respetar y hacer respetar la ley» y, a continuación, «abrir una nueva etapa» bajo el paraguas de la Constitución y del Estatuto de Autonomía.

En su exposición recordó cómo los días 6 y 7 de septiembre los secesionistas decidieron «hacer saltar por los aires» el Estatut y silenciaron la voz de todo aquel que no comulgara con sus propósitos y, en definitiva, se lanzaron a «echar por tierra la mejor Cataluña de la historia

Los socialistas presentaron tres enmiendas. Una de ellas, la más destacada, planteaba aprobar las medidas incluidas en el 155 para, a continuación, dejarlas en suspenso o dormidas si Puigdemont efectivamente convocaba comicios autonómicos. Los populares la rechazaron. El Gobierno sólo está dispuesto a aceptar la ejecución proporcional de las mismas dejando abierta la posibilidad de modular, suavizar e incluso paralizarlas si las circunstancias así lo aconsejaran. De hecho, esta aplicación gradual y moderada siempre ha estado en los planes del Ejecutivo y así lo recogía incluso la exposición de motivos que remitió al Senado para sustentar su propuesta de intervenir la autonomía

21 horas

No se sabe que esa noche Puigdemont llamó a su entorno más cercano para comunicarle que había estado hablando durante casi una hora con Mariano Rajoy.

Y fue esa misma noche cuando tomó la decisión de aceptar el ofrecimiento que el partido nacionalista flamenco había hecho a través del ex militante de Terra Lliure Miquel Casals.

27 de octubre

La mañana se inició con un Iceta seguro de sus ideas y empeñado en ayudar. Pero parecía que nadie le dejaba. El PSC presentó varias propuestas de resolución en el Parlament en las que se reclamaba a la Generalitat que frenase la declaración unilateral de independencia, que «se paralicen y hagan decaer» los trámites del 155 en el Senado, además de que se convocasen elecciones en Cataluña y se iniciase un marco de diálogo.

Sin embargo, el Gobierno anunció que solo había un camino para evitar la intervención y pasaba por «el retorno a la legalidad»: renegar nítidamente del proceso independentista; asumir la nulidad de todos los pasos dados en el mismo, principalmente las leyes del Referéndum y de Transitoriedad aprobadas por el Parlament los días 6 y 7 de septiembre. Y además, convocar elecciones autonómicas para dotar a las instituciones catalanas de una nueva legitimidad libre de deudas pendientes con los tribunales

10:12
Senado

Dando muestras de una soberbia oratoria Rajoy anunció que «lo que amenaza hoy a Cataluña no es el 155 sino el Gobierno de la Generalitat».

«Solicitamos nos autoricen señorías al cese del presidente, del vicepresidente y de los consejeros y aprueben las disposiciones por las que el presidente del Parlament no puede proponer candidato y el Parlamento celebrar votación», pidió el jefe del Ejecutivo a la Cámara.

El presidente, además, reveló que al único diálogo al que se le invitó fue para tratar «sobre los términos y los plazos de la independencia en Cataluña.

«El diálogo tiene dos enemigos, el primero el que maltrata las leyes, porque esas leyes son producto del diálogo entre todos. El segundo enemigo es quien sólo quiere escucharse a sí mismo, el que no quiere entender al otro, el que va a la suya», añadió para recibir una larga ovación de los senadores.

Mientras Rajoy intervenía en el Senado, en el Parlament PPC y PSC presentaban sus propuestas de resolución en el Parlament de Cataluña

11 horas
Parlament

A través de un escrito de diez páginas, Junts Pel Sí presentó sus propuestas de resolución en las que pedía declarar el inicio y la apertura del proceso constituyente, «en forma de Estado independiente y soberano». Así, el grupo independentista registró pasadas las 11 horas en el Parlament dos propuestas de resolución de «respuesta a la aplicación del artículo 155 de la Constitución».

En el PDeCAT afirmaron que el discurso de Mariano Rajoy había sido un discurso «de guerra» y criticaron los aplausos del PP al cese de Carles Puigdemont que, a las 11:34 abandonaba en coche el Palau de la Generalitat hacia el Parlament, entre aplausos mientras un helicóptero de la Guardia Civil sobrevolaba el Parc de la Ciutadella.

Pocos minutos después el portavoz del PP en el Senado, José Manuel Barreiro, hizo una «llamada desesperada» al independentismo catalán para «reconducir la situación» porque a su juicio aún había tiempo, aunque será ya con la aplicación de las medidas que el Gobierno quiere ejecutar al amparo del artículo 155 de la Constitución. Mientras, en el bar del Senado, Rafael Catalá, Dolors Montserrat y Enric Millo se reunían. La presencia de Millo confirmaba que sería la persona que dirigiría el encargo de controlar las consejerías de la Generalitat.

12:00

La Mesa del Parlament admitió a trámite las propuestas presentadas, incluida la de Junts pel Sí con la CUP que declara la república. Sin embargo, los letrados del Parlament avisaban, nuevamente, a la Mesa de que no podían tramitar resoluciones de independencia mientras el PP, PSC y Ciudadanos advertían que no iban a participar en la votación. La intención de los diputados de Junts pel Sí era encontrar una fórmula que permitiese a Carme Forcadell aceptar la tramitación de la Declaración Unilateral de Independencia (DUI) sin acabar, también ella, en un encarcelamiento que ya daban por seguro para Puigdemont.

«Constituimos la república catalana como estado independiente soberano, democrático y social», señalaban en el seno de la primera resolución de las dos que contenía el documento presentado y firmado por los dirigente de JxSí y la CUP: Lluís Corominas, Marta Rovira, Mireia Boya y Anna Gabriel. Aunque la frase era muy contundente, las resoluciones redactadas eran muy amplias e incluyen la llamada «Declaración de los Representantes de Catalunya» que los diputados de ambos grupos independentistas firmaron el pasado 10 de octubre, después de que el propio president de la Generalitat dejara en suspenso dicha declaración de independencia.

Cs, PSC y PP consideraron que la propuesta vulneraba el Estatut y la Constitución, que se basaba en un referéndum suspendido por el Tribunal Constitucional (TC), y también citaron el informe de los letrados de la Cámara, que advertía a los miembros de la Mesa de que se enfrentaban a responsabilidades penales si no paralizaban la iniciativa.

Mientras centenares de ciudadanos jaleaban al grito de «No estáis solos», Puigdemont y sus consejeros permanecían reunidos en el interior del Parlament y en la sala Auditori del Parlament, con las varas de mando levantadas, quinientos alcaldes gritaban «in-inde-independencia».

Con más de media hora de retraso se anunciaba que el pleno del Parlament de Catalunya se retrasaba mientras el PSOE retiraba la enmienda para paralizar el artículo 155 por la propuesta de Junts pel Sí y por la falta de diálogo del Govern de la Generalitat.

Finalmente, la iniciativa se votó en urna y en secreto, y tuvo 70 votos a favor, 10 en contra y 2 en blanco entre los grupos que han participado en la votación (JxSí, CUP, Sí-QueEsPot y el diputado no adscrito Germà Gordó), mientras que PSC, PP y Cs se ausentaron del hemiciclo en señal de protesta.

«Hoy el Parlament de nuestro país, un parlamento legítimo, surgido de las elecciones del 27-S, ha dado un paso largamente esperado y largamente luchado. La inmensa mayoría de representantes políticos legítimamente elegidos han culminado un mandato validado en las urnas», afirmó Puigdemont.

Tras varias semanas frenéticas y llenas de incertidumbre, el Parlament de Cataluña ha aprobado este histórico 27 de octubre de 2017 declarar un «Estado independiente en forma de república» y abrir un «proceso constituyente» para redactar la Constitución del nuevo Estado.

Mientras tanto, miles de personas salieron a la calle en Barcelona y otras localidades catalanas para celebrar la proclamación. Los alcaldes apostados en la escalinata principal de la Cámara tras el pleno, con la vara de mando alzada, se comprometieron con un sonoro «sí» a defender la construcción de la «república», después de que les propusiera este juramento la alcaldesa de Badalona (Barcelona), Dolors Sabater.

En una votación casi simultánea a la del Parlament llevada a cabo en el Senado, la Cámara Alta aprobó suspender la autonomía de Cataluña al autorizar al Gobierno español a que aplique las medidas que aprobó hace casi una semana en amparo del artículo 155 de la Constitución.

Varias horas después, Rajoy reunió de urgencia al Consejo de Ministros y ordenó el cese del presidente Puigdemont y de toda la Generalitat, la disolución de Parlament y la convocatoria de elecciones en Cataluña para el 21 de diciembre.

Rajoy justificó esta decisión porque considera que «es urgente devolver la voz a los ciudadanos catalanes para que decidan su futuro».

«Y lo es también —añadió— para que nadie pueda cometer ilegalidades en nombre de la ciudadanía de Cataluña. Son las urnas, las de verdad, las que tienen que establecer los controles y garantías y las que pueden sentar las bases de la necesaria recuperación de la convivencia entre catalanes.»

Antes de reunir al Consejo de Ministros, el presidente del Ejecutivo español pidió «tranquilidad» a la sociedad española y aseguró que la legalidad sería restaurada en Cataluña.

Por otra parte, la Fiscalía General del Estado preparaba el lunes una querella contra los miembros de la Mesa del Parlament y del Govern bajo la acusación de rebelión, delito castigado con hasta 30 años de cárcel.

28 de octubre

Mientras el Gobierno central se hace con el control de las diferentes «conselleries» catalanas, Puigdemont comparece en un mensaje grabado desde Girona para convencer a la comunidad internacional de los principios democráticos del «procés».

Al mismo tiempo que el mensaje se hacía público, Puigdemont almorzaba en el restaurante de Girona «Plaça del VI 7» con su mujer, Marcela Topor.

No se sabe que entre esa tarde y la mañana siguiente todos los miembros del Govern se dirigieron a una masía de Girona para reunirse con Puigdemont. A mitad de camino sus teléfonos móviles dejaron de funcionar y aquello desató el pánico en sus familias. Luego supieron que nada más aplicar el 155 el

Gobierno había dado de bajas sus teléfonos móviles gubernamentales.

En aquella reunión Puigdemont les explicó que sopesaba solicitar el derecho de asilo en Bélgica, o tratar de armar una estrategia de defensa que persiguiese dilatar los plazos o embrollar el procedimiento.

Sin embargo, añadió:

«Nos han dicho que nos extraditarán y que en el hipotético caso que no lo hagan no podremos volver a Cataluña en muchos años, porque si ponemos un pie fuera de Bruselas el Gobierno español nos detendrá».

Ese mismo lunes, el ya expresidente Carles Puigdemont tomó un coche desde Cataluña, cruzó los Pirineos y se desplazó a la ciudad de Marsella, donde subió a un avión para viajar Bruselas.

Se dijo y publicó que lo acompañaban Meritxell Borràs (exconsejera de Gobernación); Antoni Comín (ex Salud); Joaquim Forn (ex Interior); Dolors Bassa (ex Trabajo y Asuntos Sociales) y Meritxell Serret (ex Agricultura).

Sin embargo, no se sabe que también otros consellers viajaron esos días a Bruselas y, finalmente, decidieron no compartir aquél viaje a la nada con su líder. Preferían estar una época en la cárcel que no poder volver a Cataluña en los próximos veinte años.

La cárcel

2 de noviembre

«Es un horror. Es un error», me decía un profesor de derecho penal catalán tras conocerse que la juez Lamela enviaba a prisión a Oriol Junqueras y los consejeros del Govern. «Los españolistas de Cataluña perdemos el día de hoy».

La jornada había empezado con la expresidenta del Parlament catalán, Carme Forcadell, llegando a la sede del Tribunal Supremo donde estaba citada para declarar junto al resto de comparecientes para responder ante las acusaciones de rebelión, sedición y malversación tras la declaración de independencia de Cataluña. Forcadell llegó en coche oficial junto a su abogado. Poco antes de ella, sobre las 09:15 horas, entraron en el alto tribunal los otros cinco investigados: Lluís María Corominas, Lluis Guinó, Anna Simó, Ramona Barrufet y Joan Josep Nuet.

Los abogados de los seis investigados habían presentado un escrito en el que pedían que se retrasase su comparecencia debido a que no habían tenido tiempo para preparar su estrategia de defensa, dado que todos ellos recibieron la notificación de la citación apenas unas horas antes de que ésta tuviera lugar. El retraso, sin embargo, no ha sido tanto como reclamaban inicialmente los letrados, que pedían esperar a que llegaran determinada documentación.

Poco después el juez del Tribunal Supremo acordaba que los seis investigados deberían estar sometidos a vigilancia policial con el fin de garantizar que todos ellos comparecerán el próximo 9 de noviembre. Este control aprobado por Larena se concreta en la designación de un domicilio, que los seis habían dado ya, y en dejar un número de teléfono móvil en el que poder ser localizados en todo momento. La medida la tomó el magistrado después de que la solicitara la Fiscalía del Supremo.

A pocos metros en la Audiencia Nacional la película iba a ser muy distinta.

El primero en llegar fue Oriol Junqueras, entre vítores de un pequeño grupo de simpatizantes, que lo hizo de manera individual y muy madrugador, antes de las 08:30 horas. Poco después, llegaba el bloque del Govern, en el que aparecían juntos Carles Mundó, Joaquim Forn, Raül Romeva, Jordi Turull, Josep Rull, Dolors Bassa... y la gran sorpresa: Meritxell Borràs.

Todos se negaron a responder a las preguntas del Ministerio Fiscal y a primera hora de la tarde la juez los enviaba a prisión al considerar la juez que existe «alta probabilidad» de ocultación, alteración y destrucción de fuentes de prueba, así como «alto riesgo de reiteración delictiva». En este sentido, la magistrada advierte en su auto de prisión que los hechos denunciados «se han venido planificando y realizando de forma consciente por los querellados durante más de dos años».

Además de Junqueras, los exconsejeros que ingresaron en prisión fueron Jordi Turull (exconsejero de Presidencia), Josep Rull (exconsejero de Territorio), Meritxell Borràs (exconsejera de Gobernación), Joaquim Forn (exconsejero de Interior), Raül Romeva (exconsejero de Asuntos Internacionales), Dolors Bassa (exconsejera de Trabajo) y Carles Mundó (exconsejero de Justicia). Santi Vila pasaría una noche y saldría al día siguiente con una fianza de 50.000 euros. Puigdemont ya se había fugado a Bélgica, país al que la Audiencia Nacional pediría su extradición. Pero ese viaje a ninguna parte es otra historia que alguien deberá contar. Y, ahora sí, permítanme que pierda mi equidistancia y objetividad. Es obvio, y más como jurista, que respeto todas las decisiones judiciales más cuando son para corregir todos los errores que durante estos años Puigdemont ha cometido alejándose de la justicia. Pero déjenme que haga mías las declaraciones del magistrado emérito Martín Pallín: «criminalizar un acto parlamentario o resolver los asuntos políticos mediante el código penal es una agresión a la democracia». Hasta los romanos tenían la frase *Summum ius summa iniuria* para recordar que llevar la ley al extremo conduce a la mayor injusticia.